С.К. Лейе

— ⚡—⚡ —

Дыхание Дьявола

— ⚡—⚡ —

ПРОЛОГ

В конверте ключи, мой багаж у порога,
А здесь уже больше ничто не держало,
И я не искала остаться предлога —
Последнее утро. Такси заказала.

— ⚜—⚜ —

Последнее утро... За окнами Бостон
Жил разными жизнями, как и обычно:
Надежды и слёзы, успех и банкротство
Друг друга сменяли в ряду хаотично.

Для нас же, казалось, в том мире сумбурном
Сложилось всё прочно и безупречно —
К любви идеальной — подарки фортуны:
Богатство с удачей — и так будет вечно...
Блистательный вальс совершенного счастья...
Беспечно кружа — даже не представляла:
Во что превратится мой мир в одночасье...
И роли какие сыграть предстояло...

— ⚜—⚜ —

ГЛАВА ПЕРВАЯ

Так много всего... но события очень
Свежи и до боли остры и поныне...
Все запахи, звуки... и стук среди ночи:
— Простите, мадам, но боюсь мы с плохими...
Мне искренне жаль, но ваш муж... его тело
На палубе верхней стюард обнаружил... —
Сказал капитан. Я, не видя, смотрела...
И смысл его слов... и с ним мертвенный ужас...

— Мадам... Вы очнулись? — со звуком вопроса
Вдруг стало понятно значение взгляда...
И мозг поглотила, как вечность Колосса,
В сознанье вонзившись реальность из ада.

— ⚡⚡ —

Потом опознание... Всё как в тумане... —
От страшной реальности словно отсрочка.
Бумаги, дознанье, задержка в Панаме....
Судмедэкспертизы финальная точка.
«Исходный диагноз, мадам, подтвердился:
Смерть вызвана действием нейротоксина.
Вот здесь заключение — акт экспертизы:
Летальная доза скополамина.
Две формы лекарства от качки в круизе
Ваш муж применял, что способно немало

Побочных эффектов значительных вызвать...»
Я смутно эксперта слова понимала...
«Деяний, — заверили, — нет криминальных:
Лекарств от болезни морской сочетанье
Явилось причиной событий фатальных —
Оно привело к остановке дыханья».

— ❦ —

Прощанья момент... и цветы... но бесцветно...
Коллеги, друзья... вроде рядом... но пусто...
Родного, живого... мой взгляд ищет тщетно,
Блуждая по гробу... не веря как будто...

«Нам Макса в концерне никто не заменит...
Ему мы обязаны всем, что имеем,
Его гениальным и дерзким идеям...», —
Слов много, хороших... А боль всё острее...

К чему мир без Макса?.. Запас сил исчерпан.
Бессмысленны фразы: «Терпи, время лечит».
Его больше нет... Вот и мне бы исчезнуть,
Чтоб боль заглушить, и тогда станет легче...

— ❦ —

Исчезнуть... так просто... без объяснений...
Вот только подруга тревогу забила

И, чтоб удержать от фатальных решений,
В хорошую клинику лечь убедила.

Не знаю, чем кончилось — или точнее —
Как долго мозги бы мне там промывали...
И если б не встреча со старым евреем —
Боюсь, до сих пор бы они буксовали.

Он в клинику к другу зашёл повидаться,
А тот задержался, видать, на приёме,
Тогда Соломон и решил пообщаться,
Завидев меня в боковом коридоре.
Хотя разговор был, скорей, монологом:
Старик говорил — я же просто сидела,
Но странность беседы (весьма однобокой)
Его не смущала, мне ж не было дела.

— Вы очень на дочь Соломона похожи, —
Мне позже сказал кто-то из персонала, —
Лет семь как уже... А смириться не может:
Совсем молодая, врачом стать мечтала.
Разбилась в горах: в шторм ребята попали,
Сверхлёгкий какой-то там был самолёт...
А парень её, что сидел за штурвалом,
Неопытный, как оказалось, пилот.

— ⚡—⚡ —

Старик заходить стал достаточно часто,
И, будучи добрым, спокойным и мудрым,
Он вскоре сумел до меня достучаться.
Один разговор был особенно трудным...

— Тебя, моя девочка, горе сковало,
Мешает дышать, и нет, кажется, смысла
Свой путь продолжать, когда Макса не стало... —
И тихо добавил: — Знакомые мысли...
Та острая боль... и отчаянья путы,
Беспомощность, гнев... и мольбы бесполезны,
А впереди... впереди — мёртвый ступор,
Где выход уже и не ищешь из бездны...
Со временем душу разрушит и разум,
Сковав и опутав, как щупальца спрута... —
Старик замолчал. Он продолжил не сразу:
— Вот там уповать бесполезно на чудо.

А суть его слов: «Новый лист не написан...
Хоть толику смысла, чтоб жить продолжать...
Потом станет легче, и новые смыслы...»
Ещё не готова была осознать.

Тогда лишь слова, что о боли сказал он,
В истерзанном сердце затронули струны,
И следом лавина — из фраз и рыданий...
Рассказом назвать её было бы трудно.

Делилась с ним всем: тем, что были женаты

Мы с Максом, должно быть, не более года,
Когда он идею для фирмы придумал,
Что стала тузом козырным их колоды;
И как к нам была благосклонна фортуна,
И это, казалось, лишь только начало...
И как понастроили замков воздушных,
И что всё с круизом Панамским пропало.
Нелепая смерть: с дозировкой лекарства
От качки морской роковое решенье...
И тем, что спасти его не было шанса...
И, словно насмешка судьбы в довершенье:
Тот самый круиз, оборвавший жизнь Макса,
Подарком его был на мой день рожденья.

— ⚡—⚡ —

— Летальная доза лекарства в круизе?
А можно взглянуть мне на данные де́ла?:
Всю жизнь посвятил я судмедэкспертизе... —
И я предоставила всё, что имела.

Он несколько раз просмотрел документы.
— Здесь что-то не то... — произнес осторожно. —
А где результаты повторной проверки?:
Так с дозой напутать навряд ли возможно.
Агент ФБР должен был... — он прервался
И кратко напомнил мне, что за границей
Как раз ФБР и должно заниматься
Делами помимо локальных полиций.

— С Бюро я, — сказал он, — сотрудничал тесно,
И, безусловно, рассчитывать смею
У них разузнать, что по делу известно,
Надеюсь, я данные перепроверю.

— ⚡—⚡ —

Сперва Соломон стал весьма энергично
Звонить, узнавать, с кем-то важным встречался...
Но всё завершилось весьма прозаично:
— Боюсь, что возможности нет. Я пытался...
Там часть документов отсутствует в деле:
Нет умысла злого — простая халатность, —
Заметив мой взгляд, поспешил он заверить,
И здесь, как всегда, проявив деликатность.
— Прости, что затеял проверку напрасно, —
Он произнёс, — мне казалось логично...
Сейчас сожалею, и стыдно ужасно:
Из прихоти боль причиняю вторично...

Но я поняла, для меня чем явилось
Желанье его разобраться детально:
Как что-то в сознании вдруг изменилось,
И думать о будущем стало реально!
И был уже смысл, может быть, иллюзорный,
Но также отчётливо я понимала —
Мой путь продолжать, что изрядно изломан,
Лишь эта иллюзия и помогала.

— А я — благодарна, — ему я призналась
И, нежно обняв Соломона, сказала,
Что эта затея его оказалась —
Ударом, что щупальца спрута разжала.

В глазах добрых слёзы... и лучики света...
И мы говорили... (не помню о чём —
Наверно, нейтральном), а параллельно
Уверенность крепла в сознаньи моём.

Когда он ушёл, я (как все дилетанты)
Не медлить, а действовать сразу решила.
Прикинув доступные мне варианты,
Я тут же один воплотить поспешила.
И срочно билет заказала в Панаму.
А дальше, собрав все свои безделушки,
Дверь тихо прикрыла, оставив пижаму
В больничной палате лежать на подушке.

— ⚡—⚡ —

ГЛАВА ВТОРАЯ

Ещё в самолёте о том, что — в Панаме,
Я всем (кто искать меня мог) сообщила,
А чтоб моим планам они не мешали —
Я попросту свой телефон отключила.

Наивно считала, что быстро и просто
Мне выдадут копии всех документов,
Но: прочный кордон бюрократами создан,
Его не пробили мои аргументы.

И вот — после многих попыток добиться
От местной полиции помощи внятной —
Впервые на подкуп пришлось мне решиться,
И я аргумент предоставила платный.
Но именно он все акценты расставил —
Мгновенная смена от грозных ворчаний:
«Какой идиот доступ ей предоставил?»
До: «Нет ли каких-то ещё пожеланий?»

Боюсь, оценить не смогла б адекватно
Все тонкости этой легальной структуры,
Но наблюдать было даже занятно,
Как устраняют преграды купюры...

— ⚡ —

Хосе́, детектив, что исходно вёл дело,
Мне крайне любезно помочь согласился;
Испанским, увы, я почти не владела,
Но он знал английский, чем очень гордился.
— Как верно заметил ваш друг: да, двояко
Судмедэкспертиза могла б трактоваться,
Но в случае этом конкретном, однако,
У нас основания нет сомневаться!
Вот здесь протоколы опросов по делу.
Их видеть, боюсь, будет малоприятно,
Но всё подтвердилось: я лично проверил,
И вам объясню, если что непонятно.

Выходит, что Макс незадолго до смерти
(По тем документам, что в руки мне дали)
Пил в баре коктейли с лекарствами вместе (?!),
И это свидетели там подтверждали.
Я подписи видела... только поверить
Мой мозг не готов был — чудовищно глупо:
Макс умный мужик, и такая нелепость —
Избыток лекарства с коктейлями вкупе?!

Заметив, как я недоверчивым взглядом
Скольжу по страницам, Хосе́ вдруг напрягся,
Придвинул свой стул и пристроился рядом,
И мне показалось, что он испугался.
— Мадам, очень жаль, эта драма... к тому же
Вам трудно принять её... Что ж до дознанья:
К примеру, со спутницы вашего мужа

Я лично снимал тогда все показанья.
Вдобавок есть видеозапись из бара,
Вы можете сами во всём убедиться... —
И, долго не мешкая, запись поставил,
За подлинность файла успев поручиться.

Я видела Макса... мгновенье — и слёзы...
Как их не старалась унять — всё напрасно,
И сквозь пелену неестественность позы
Не распознала достаточно ясно.

Чего не ждала? — И не скажешь навскидку...
Я видела Макса с какой-то девицей?!
Сидевшими в баре у стойки в обнимку... —
Такое могло лишь в кошмаре присниться!

Потом шок сменился на чувство иное:
Как если реальность не существовала,
А было — немое кино игровое,
В котором я мужа едва узнавала...

— На этот фрагмент обратите вниманье:
Здесь видно лекарство особенно ясно, —
Донёсся вдруг голос Хосе́ до сознанья. —
Признайте, что вы сомневались напрасно.

— ⌇—⌇ —

Не помню, как я покидала участок —
Не в силах постичь, что недавно узнала...
Издёвка судьбы! — За какой недостаток
Повторно она столь жестоко карала?

Я ночью уснуть не могла, и фрагменты
Из видеозаписи снова всплывали...
Но постепенно мой мозг стал моменты
Выхватывать странные, следом детали...

Макс в баре с девицей!.. Однако при этом:
Она к нему льнёт — он сидит равнодушно (?!),
И в позе... — для Макса не характерной:
Как заторможенный мальчик послушный.

Нет кадров, где он принимает таблетки —
Должно быть от камеры вновь заслонили,
Лишь бармена только слова и брюнетки —
Что с Максом была, этот факт подтвердили.

Но важное что-то опять ускользает...
Вновь кадр: где названье лекарства на пачке...
Вдруг вспышка сознанье моё прорезает! —
В ту ночь роковую ведь не было качки!

Выходит, что Макс был порядком нетрезвым (?!),
(Впервые за время, что я его знала!) —
Ещё перебрал и с лекарственным средством:
В отсутствие качки, чтоб не укачало (?!).

Но это же бред! Я вскочила с кровати.
Дождавшись едва, когда утро наступит,
Примчалась в участок, где, очень некстати,
«Сегодня, — сказали, — Хосе́ недоступен».

— ⚜ —

Другой детектив был не в курсе событий,
На чистом английском (с акцентом британским)
Мне бросил: «Вот будет Хосе́ — приходите,
Не стоит болтаться здесь лицам гражданским».
На взгляд удивлённый — он кратко ответил,
Что родом из Глазго, в Панаме — недавно,
Что много по странам, по разным, поездил,
Европу не любит, и штаты — подавно.

На грубость внимания не обратила,
Спросила лишь запись поставить повторно.
Возможность отказа я предвосхитила —
Банкнота в кармане исчезла проворно.
Та ловкость, с которой британец брал взятку,
Меня, если честно, слегка удивила —
Привычно, уверенно — думаю вряд ли
Такому полиция в Глазго учила.

Я имя его не запомнила — жалко —
Поскольку случайный один комментарий,
Что он обронил мимоходом и кратко —
Как раз обусловил дальнейший сценарий...

Он рядом сидел, буркнул что-то навроде:
— В Колумбии их насмотрелся довольно... —
При взгляде на Макса как будто приходит
Ему бурунда́нга на память невольно.

Не зная, конечно, что значило слово,
 — В чём именно сходство? — его я спросила,
И факт, что в дознаньи возможны проколы,
Ответная фраза его подтвердила:
— Так действует «зомби» наркотик обычно.
Приняв во вниманье состав препарата,
То всё на поверхности вроде логично:
Там тот же токсин... но, боюсь, рановато... —
Он резко осёкся на этом моменте,
Должно быть, дошло: что сболтнул, и банально
Пошёл на попятную, тут же заметив:
— Мадам, я уверен, что всё досконально...

Теперь прояснилась, похоже, нервозность,
Что я в поведеньи Хосе́ наблюдала:
Халатность? А может гораздо серьёзней:
И нет ли с его стороны криминала?

Когда детектив на минуту отвлёкся,
Я копию видеофайла скачала.
Решив, что помочь бы он поостерёгся,
О всех подозрениях я умолчала.

— ⚊⚊ —

Понятен же стал комментарий британца,
Когда просмотрела статьи в интернете —
Про тот психотропный эффект бурунда́нги,
Что он в поведении Макса заметил.

В Колумбии (в мире преступном) наркотик
Весьма популярен — на то есть причина:
К потере контроля и воли приводит
(За счёт алкалоида скополамина).
Ну и отсюда название — «Зомби»,
Что в Южной Америке часто встречалось:
Ведь жертва, лишённая собственной воли,
Чужой (и преступной) легко подчинялась.

Порой и спецслужбы его применяли —
Язык развязать несговорчивым вроде,
И «сывороткой правды» ту смесь называли,
Куда психотропы подобные входят.

В Колумбии есть и другое название,
Увидев его — я невольно отпрянула...
Наркотик, что «души крадёт и сознание»,
Там окрестили — «Дыханием дьявола».

— ✁—✁ —

ГЛАВА ТРЕТЬЯ

Зловещее средство убийства выходит!
Клинически в принципе та же картина:
От качки лекарство и «зомби» наркотик —
Эффект алкалоида скополамина.

Убийство! Но, может быть, я ошибалась:
К вердикту придя только интуитивно?..
Насколько могла, я тогда попыталась
На все варианты взглянуть объективно.

Так что же случилось той ночью в круизе?
Наркотик добавить в коктейль для забавы
Макс точно не мог: он на пушечный выстрел
Держался всегда от подобной отравы!

А если действительно только лекарство?:
Вестибулярка, проблемная с детства... —
И всё же: в отсутствие качки напрасно
Он не глотал бы различные средства!

Случайность? Но полный абсурд: чтоб наркотики,
Тем более средства от качки горстями,
Подмешивал бармен в коктейль для экзотики,
Решив поразвлечься немного с гостями (!).

Я страшно жалела, что наши привычки:

Когда спать ложиться, увы, не совпали —
Мой Макс был «совой», а я — «ранняя птичка»,
И если б не это... тогда бы и в баре...

А если, допустим, то средство в напитке
Предназначалось кому-то из бара —
А Максу досталось тогда по ошибке,
Поскольку была перепутана тара?
Сомнительно... Чувствую — именно Максу
«Дыхание дьявола» предназначалось!
Но кем и зачем?.. Перебрав версий массу,
Я лишь безнадёжно в догадках терялась.

Мне нужен был отдых (хотя бы недолгий),
Чтоб мысли собрать удалось воедино —
И выяснить правду: кем был тот подонок,
Что действовал с помощью нейротоксина?

— ✄—✄ —

Проспав пять часов, что уже достиженье (!),
Поев и собравшись, проверила почту —
Ответила, чтоб не держать в напряженьи:
«Жива и здорова, подробности позже».

Итак, что имею? — Есть копии дела:
Там все адреса, имена — и логично
Мне в первую очередь перепроверить
Свидетелей всех показания лично.

Меня поразило: насколько бездарно
Бумаги по делу собрал кто-то вместе —
Без всякой системы; возможно, специально:
Решив, что возврат к ним не больно уместен.
Мне ж копии дали, должно быть, считая
Моё любопытство не слишком опасным —
Ведь риск минимален (в расчёт принимая,
Что деньги большие платить я согласна).

Когда ж я в свидетельствах засомневалась,
Хосе́ — малый ушлый: он тут же просёк —
И запись, где к Максу та дрянь прижималась,
Как раз в подходящий момент и извлёк.
Подобный приём мог вполне оправдаться:
Я чуть не поверила — ...эта мерзавка!..
Какая жена станет дальше копаться? —
На запись и делалась, видимо, ставка.

Но бог им судья... Я сейчас свои силы
На разбирательства тратить не буду:
Халатность, продажность, иль просто дебилы,
Какая мне разница? — это повсюду...
А дальше посмотрим... Пока рассуждала,
Я список огромный: тех, кто был в круизе —
Гостей и команды — почти дочитала,
Как вдруг задержался мой взгляд на сюрпризе.

Среди пассажиров был Ми́лош Тоде́вски!
Однофамилец? — Или здесь оказался

Тот самый, с кем Макс на коротком отрезке
Весьма драматично пересекался?

Муж нанял Тоде́вски, затем со скандалом
Уволить был вынужден (сразу буквально),
Когда оказалось — пронырливый малый
В стране находился тогда нелегально.
Ещё и поддельный диплом предоставив,
В патентных вопросах назвался экспертом,
В чём тут же коллег сомневаться заставил —
Не справившись с первым несложным проектом.

Скандал вышел громким: истерики, слёзы
Сопровождали разоблаченье,
А дальше — звонки, сообщенья, угрозы...
Им Макс не придал никакого значенья.

Не тот ли Тоде́вски? Найти нужно фото:
На судне круизном, а также в соцсети
(Из бывших коллег поискал чтобы кто-то),
А дальше сравнить фотографии эти.
И надо узнать календарь экипажа
Круизного судна и их капитана —
Приятный мужик: итальянец вальяжный,
Из знатного рода Франче́ско Альба́но;
Знаток и любитель напитков элитных:
Мы, помнится, с Максом узнали немало
Деталей о винах весьма любопытных...
И я написала сеньору Альба́но.

Ответ он мне сразу прислал — и команда
В порту завтра, здесь! Целый день. Вот удача!
И что капитан меня помнил — отрадно,
Похоже, моя упрощалась задача.

— ✒✒ —

Я утром на встречу чуть-чуть опоздала:
Задержка с такси, ну а позже в заторе
Машина заглохла — короче, застряли...
Таксист матерился, копаясь в моторе.

Франче́ско, меня поджидавший на пирсе,
Беседовал с кем-то из местной таможни.
Чиновник, завидев меня, испарился —
На судно попасть предоставив возможность.
Я также весьма капитану признательна,
Что мне для бесед предоставил каюту,
И график составили так основательно:
Чтоб не задерживать ни на минуту.

Ещё до начала бесед с экипажем,
Пока я с сеньором Альба́но общалась,
Мне фото помощник его распечатал —
В глаза очевидное сходство бросалось.
Да, Ми́лош Тоде́вски тогда был на судне!
Франче́ско взял в руки листок с его фото:
— Лицо явно злое, поверить не трудно,
Что парень способен на подлое что-то.

Действительно выглядел Ми́лош не очень...
(Ах, если б критерий был столь однозначный),
Но вдруг повезёт: может кто-то припомнит,
Что был возле Макса субъект этот мрачный.

Однако ж надежды не оправдались —
И с Максом Тоде́вски никто не заметил.
К несчастью, почти все вопросы остались,
И толком на них мне никто не ответил...
Свидетели лишь подтвердили те факты,
Что раньше полицией собраны были;
Я также заметила, как много такта
Все, с кем я общалась тогда, проявили.

Стюард, обнаруживший тело, признался,
Что даже сейчас ему стыдно немного
За то, что от страха тогда растерялся —
Не сразу поэтому поднял тревогу.
Хотя пять минут ничего не решали
(Так врач, что давал заключенье, заверил),
И всё же стюард предо мною вначале
Хотел извиниться как можно скорее.
Каких-то деталей, чтоб были полезны,
Он, к сожалению, так и не вспомнил —
Как, впрочем, и все остальные в том кресле:
Картину событий никто не дополнил...

А бармена я — того самого бара,
Где запись отснята была ключевая,

На судне круизном, увы, не застала —
Сказали: «Сменился», мол, жизнь кочевая,
И кто-то добавил, что «с другом на пару»,
И пару подробностей о «разгильдяях»...
Май Таи готовить им вроде бы в баре
Позволил престижный отель на Гавайях.

— ◢—◣ —

Что дальше? Гавайи? Нью-Йорк или Бостон?
Гавайи — там бармен; в Нью-Йорке — То́девски;
А дома — брюнетка из бара... Тут просто:
С Гавайев логичней продолжить поездки.

— ◢—◣ —

ГЛАВА ЧЕТВЕРТАЯ

Впервые тогда оказалась я в Хило —
Тропический климат в своём апогее...
Знакомство с ним в планы мои не входило:
Спешила лишь бармена встретить скорее.

А тот оказался вполне симпатичным,
Весёлым, но крайне поверхностным малым,
С подходом, однако, весьма прагматичным,
Что в ходе беседы понятно мне стало.

Он бойко сперва подтвердил показанья,
Те самые, что в протоколах читала,
Но что-то в словах мне дало основанье
Не верить — и правильно я рассчитала.
Свидетель, взяв парочку сотенных в баксах,
Вдруг вспомнил подробности важные очень:
Он лично не видел лекарства у Макса —
На видео видел (!) — а в баре той ночью
Брюнетка просила для друга водички:
Таблетки запить. А затем полицейский
Сказал, что, мол, парень набрался прилично,
Напутал с лекарством, мол, случай житейский.

Ещё бармен вспомнил, что подпись поставить
О том, что он якобы видел всё лично,
Его попросил ФБР-овец старый.
(Мне резало слух: всё настолько цинично!)

— Раз «случай несчастный», и с делом всё ясно, —
Мне парень сказал, — старичку не хотелось
В Панаме торчать, время тратя напрасно,
И дело закрыть поскорей не терпелось.
Я слышал его разговор телефонный, —
Поведал мне бармен тогда «по секрету», —

Он вроде на свадьбу спешил, даже помню:
Сказал: «Разрулил ситуацию эту».

Я слушала молча, сдержав возмущенье —
Кругом разгильдяйство, и что ещё хуже:
На должностные идут преступленья —
Стараясь успеть на торжественный ужин!

Дал бармен понять, что откажется тут же
От слов, что сказал мне в тот день «неформально»,
Коль я (вариант для него наихудший)
Надумаю действовать позже легально.
Что, в общем-то, было и так очевидно,
С другой стороны — совершенно не важно:
Я вряд ли когда-либо меньше стремилась
Терять своё время на крыс, на бумажных.

Срывать на свидетеле глупо, понятно,
(Хотя и хотелось) моё раздраженье —
Виновен был тот, кто фальшивку состряпал:
Агент ФБР, оказавший давленье.
Наврал, будто тщательно факты проверил,
И вот бармен взгляд свой отводит стыдливо...
А мне нужно было тогда на проблеме
Сосредоточиться без негатива.

Но больше полезного парень не вспомнил:
Тот бар отличался повышенным спросом,
К тому же недолго пробыли у стойки

Макс с яркой брюнеткой длинноволосой.

Напрасно (в надежде, что как-то поможет),
Мы видеофайл много раз просмотрели...
Он явно старался припомнить, и всё же —
Эффект нулевой те просмотры имели.

— ⚡—⚡ —

Увы — но яснее пока что не стала
Картина тот ночи кошмарной в круизе...
К разгадке убийства (как я ожидала)
Визит на Гавайи меня не приблизил.

Теперь вся надежда была на брюнетку
И честность в ответах — пробелы заполнить:
Кто был её «друг, запивавший таблетку»?
Такие детали должна она помнить.

— ⚡—⚡ —

На встречу с брюнеткой (а стало быть в Бостон).
Предвзятым — конечно же — я сознавала,
К ней было моё отношенье — от злости
И той острой боли, что я испытала!
Ну да, тривиально: и ревность, и гордость...
Но я — тем не менее — подозревала,
Что роль той девицы сводилась не просто

К минутному флирту за стойкой у бара.
Неважно, что там протоколы писали,
И как детективы считали «удобно»,
Случайный характер её «флирта» в баре
Мне не казался правдоподобным.

Пробелов хватало там в каждом вопросе:
С кем Макс был до бара? А после? — Не знала:
Проверены не были следствием вовсе
Те важные два временны́х интервала!
Хосе не стремился, как видно, вдаваться
В подобные «мелочи» — да и к чему?:
Когда ФБР наплевать! — Что стесняться:
Понятно, достался карт-бланш и ему.

А может на видео — инсценировка? —
К примеру, Тоде́вски заставил брюнетку
На стойку подбросить лекарств упаковку?
И бармену следом сказать про таблетку?
Наркотик же Максу подсыпали раньше...
Вот только зацепок совсем было мало —
Я толком не знала, как действовать дальше,
И это серьёзно тогда волновало.

— ◈—◈ —

ГЛАВА ПЯТАЯ

Меня встретил Бостон дождём и туманом,
Что вдруг показалось весьма символичным:
Домов — как и правды, сокрытой обманом,
Там контуры лишь проступали частично...

Сознательно я отложила поездку
К той самой брюнетке: ведь мне для начала
Побольше узнать о ней было б полезно,
И связи найти. Я, конечно, искала.
В Панаме соцсети проверила дважды.
Слегка иронично: когда в неком месте,
Абстрактном «нигде», каждый делится с каждым
Порой сокровенным... хоть кто-то заметит (!)...

Но в Бостоне Эмма? Ещё и О`Бра́йен?! —
Любых возрастов, и похожих немало,
Но чаще блондинок... Деталей не зная,
Я не отыскала брюнетку из бара.
Но выход нашла: позвонив Соломону,
Проблему тогда описала подробно —
Он тут же связался с каким-то знакомым
(Иметь в ФБР связи, правда, удобно).

— ⚡—⚡ —

Неделя ушла на различные встречи —
С родными, друзьями; слегка пожурили,
Но все понимали, и крыть было нечем:
Не ездить в Панаму бы не убедили.

Ещё — деловые обеды, поскольку
Мне акции Макса, к несчастью, достались.
Я в бизнесе не разбиралась нисколько,
Вопросы ж стратегии фирмы касались.
В каком направлении двигаться плавно,
Оставшись без Макса, партнёры не знали,
Но каждый мечтал стать в компании главным,
Во мне же — союзника — оба искали.

На встрече ближайшей акционеры
Должны утвердить были планы концерна,
И лидерский пост, устраняя барьеры,
Мой голос давал там партнёру мгновенно.
Мне каждый по-своему был симпатичен,
Но раз я в проблемах не разбиралась,
То опасалась: могу ошибиться —
И я от решений тогда воздержалась.

А всем предложила на общем собрании,
Что независимых крупных экспертов
Нам стоит привлечь в интересах компании,
Чтоб оценить перспективность проектов.
Со мной согласились, что — да, актуально
С учётом конфликта моё предложение:

Совет консультантов (по сути нейтральный),
Помог бы уладить возникшие трения.

— ⚡—⚡ —

Пока же решалась судьба больших денег:
На чьих им счетах предстояло крутиться,
Досье на брюнетку прислали, заверив:
«К Бюро, если что, вновь смогу обратиться».

Меня ждал сюрприз: со всех присланных фото
Смотрела блондинка с короткою стрижкой (?!),
Я даже тогда не поверила с ходу —
Большие различия в обликах слишком.
И главное образ! Одна — *femme fatale* [фам фаталь]
А Эмма О'Бра́йен смотрелась неброско.
Но это не всё — и сюрпризов спираль
Лишь части витков показала наброски.

В графе о профессии значилось кратко:
Юрист практикующий Эмма О'Бра́йен (?);
А дальше имелась подробная справка:
Окончила Гарвард... доход... и так далее...

Да нет, быть не может! Не та, очевидно:
Скромняга юрист?! — не могла я представить.
Из видео кадр — где лицо лучше видно,
Нашла, чтобы с фото в досье сопоставить.
Одна ли девица? — вопрос не из лёгких:

Два образа вместе никак не вязались!..
Парик? Макияж? Разный ракурс при съёмке?
Похожи... и всё же — сомненья остались.

Вернулась к досье. Просмотрела те части,
Где в нём говорилось о связях возможных:
С Тодевски — их не было. Так же и с Максом —
Не установлено... Как же всё сложно!
А я-то считала короткой заминкой —
Досье подождать... Я была оптимистом...
Как вдруг оказалась брюнетка блондинкой,
Ни с кем не знакомым обычным юристом...

— ≠≠ —

Менял дождь эскизы на окнах лениво...
За ними промокший и пасмурный Бостон;
Созвучен с моим настроеньем унылым
Печальный этюд в красках осени поздней...

Не знаю: как долго я так простояла...
Что делать мне дальше? — Не очевидно:
Ведь я уже встречу себе представляла
С той самой брюнеткой. Ужасно обидно!
Боюсь, что фальшивая Эмма О'Брайен
На судне могла в тот момент находиться.
Визит к настоящей стал не актуален.
Мне не за что было, увы, зацепиться...

Один вариант оставался — последний —
Тоде́вски. Он должен (как мне представлялось)
Себя будет выдать при личном общении.
О, как же я сильно опять заблуждалась...

— ⚡—⚡ —

_____

ГЛАВА ШЕСТАЯ

Я знала уже, что Тоде́вски в Нью-Йорке
Открыл фотостудию. Как оказалось —
На севере Челси (на самой на кромке
Другого района) она размещалась.
Названье района — весьма символично
(Хотя и формальное «Клинтон» имело):
Но «Адская Кухня» он звался привычно,
И имя, видать, в лексиконе осело.

Я даже подумала, может соседство
С районом, известным своим криминалом,
«Дыхание дьявола» — адское средство —
Орудием мести избрать подсказало?

А мне избежать бы трагичных просчётов —
Экспертов совет представлялся логичным:
И я краткий курс о допросах/опросах
Прослушала дважды (но, правда, частично).
Я больше боялась, что сильные чувства
Могли помешать мне в беседе с Тодевски:
Опросы преступников — это искусство,
Где только просчитанной тактике место.
И я постаралась себя подготовить —
Продумав возможной беседы модели,
Чтоб чувствам на месте уже не позволить
Свести всё на нет в полушаге от цели.

— ᵴ—ᵴ —

Я студию выбрала для разговора —
Под видом клиентки пришла, но сначала
Прибегла к услугам стилиста-гримёра,
И вышло отлично — себя не узнала!

Тодевски меня не узнал и подавно.
— Я рад вам помочь, — с фразы начал дежурной,
А я соврала, что как будто недавно
Решилась открыть свой салон маникюрный;
И серия снимков нужна мне: с руками,
И в целом удачные ракурсы, чтобы
Использовать можно их было в рекламе,
Не тратясь потом на повторные пробы.

Тоде́вски был крайне учтив, но при этом
Заметно взволнован: он явно спешил
Со мной поделиться: — Пришли документы,
Я выиграл у города, суд так решил!

А дальше в деталях (мне точно не нужных)
Он начал расписывать, чем же конкретно
Его городские обидели службы,
И как он теперь их накажет за это:
— Конечная сумма пока не известна,
Но мне намекнули: того, что достанется,
Мне хватит с лихвой на приличное место
Для студии новой, ещё и останется!

Злорадства улыбка... Смотреть неприятно...
С собой совладав, вслух я предположила:
Давно в этой студии он, вероятно,
И новое место она заслужила.
— Да нет, здесь недавно. Хотя фотография
Всегда была самым любимым занятием,
Но сложно писалась моя биография,
И студию поздно открыли с приятелем.

Я взгляд отвела, и вопрос, что невольно
Готов с моих губ был в то время сорваться:
«Как много страниц там записано тёмных?»
Ему не задать я смогла удержаться.
Чтоб в нужное русло беседу направить,
Сумела я темы гражданства коснуться:

Как будто бы трудно мне даже представить,
С какими проблемами мог он столкнуться.

— С акцентом моим, — он тогда посмеялся, —
Видать, обречён иностранцем считаться.
Удачно женившись, мне Ми́лош признался,
Решил он проблему, как в штатах остаться.
— А раньше на птичьих правах приходилось,
Работой дурацкой перебивался...
В таком жутком стрессе порой находился,
Ещё повезло, что вменяем остался!

И он рассказал, как его многократно
Работу менять вынуждали, и даже
Из штатов практически выслали как-то,
Его обвинив чуть ли не в шпионаже.
— Но жизнь наградила меня за страданья,
И вот справедливость восторжествовала, —
Он гордо сказал. — Позади испытанья,
А тех, кто мешал мне, судьба наказала!
— Судьба наказала? — я переспросила.
— Ну да, — он ответил с ухмылкой довольно, —
Обидчика смерть в том году подкосила. —
Я взгляд отвела от Тоде́вски невольно...

— И что иронично, — он дальше продолжил, —
На том самом судне, во время круиза,
Где вместе с супругой и мы были тоже:
Там свадьбу сыграть настояла Луиза. —

И он показал следом фото супруги:
Размеров внушительных (сломит объятьем);
И надпись видна на спасательном круге
Круизного судна за свадебным платьем...

— А что же с обидчиком вашим случилось? —
Вернула Тодевски я к теме обратно.
— Наверное сердце — перетрудился,
Большие деньжищи хотел, вероятно.
А нам отказались платить неустойку:
Мы день проторчали в Панаме напрасно!
Страховку не брал на поездку, поскольку
Хотел сэкономить — жалею ужасно!
Я, кстати, узнал уже позже — в Нью-Йорке,
Что тот бизнесмен, что в круизе скончался,
Тем самым и был — кто когда-то жестоко
Со мной обошёлся. Но я не сломался!

Тодевски ещё продолжал красоваться,
Хвалился какая теперь перспектива...
Мне не было смысла уже притворяться,
И я отодвинулась от объектива.
— Ещё пару ракурсов... — начал Тодевски.
— Достаточно снимков, не стоит напрасно... —
И я прервала фотосессию резко:
Что он не убийца, уже было ясно.

— ⚡—⚡ —

Холодный и влажный на улице воздух...
Вдохнуть его свежесть хотелось скорее:
Общенье с Тоде́вски далось мне непросто,
А дальше — тупик. Всё лишь только сложнее...

Я тихо брела по какой-то аллее...
Ни мыслей, ни чувств — пустота, да и только...
Темнело, и мрак подступал всё плотнее...
И я не продвинулась в деле нисколько.

— ⚡—⚡ —

ГЛАВА СЕДЬМАЯ

Вернулась домой в настроении скверном.
А там неприятности — будто специально:
Серьёзный конфликт в руководстве концерна
За рамки разумного вышел буквально.
Такое отчаянье вдруг охватило —
Убийца не найден! На фирме скандал.
Отсутствие лидерства явно грозило
Разрушить всё то, что мой муж создавал!

А Макс ведь добился огромных успехов
На рынке сложнейших научных устройств,
И в медицине приборы концерна
Имели стабильно повышенный спрос.
Тем более странным, в моём понимании,
Казалась тогда неготовность партнёров,
Анализ экспертов приняв во внимание,
Считать ключевым рынок данных приборов.

Чем глубже вникала в проблемы концерна,
Тем мне всё ясней становились причины
Того бардака, что царил откровенно,
И как у партнёров нет цели единой.

Мне было известно, что крепкая дружба
Ещё со студенчества мужа связала
И с Эриком Ко́нардом, и с Грегом Кру́зом,
Но лишь по отдельности — общего мало.
Такие совсем непохожие — в чём-то
Две экстремальные версии «нормы»,
За рамками каждого зоны комфорта,
Но Макса они дополняли бесспорно.

Грег — аналитик от бога. Зануда.
Стремился, как правило, всё досконально
Понять и проверить — порой до абсурда:
Как клещ, он в детали впивался буквально.
А риск не любил. Перемен опасался,
Ещё, как сказал, презирал упрощенство;

Зато разработки концерна старался
Он довести всегда до совершенства.

А Эрик, по мнению Грега, «пустышка»;
Как инженер — «совершенно никчёмный;
Тусовщик, плейбой, легкомысленный слишком;
Вся жизнь напоказ, развлекается стрёмно»:
«То гонки на яхтах, то с белой акулой
Он в Африке Южной зачем-то ныряет,
То где-то в горах безрассудно рискует —
На прочность себя и весь мир проверяет».
Но Ко́нард налаживал нужные связи
(Быстрее и лучше любого в концерне),
Привлечь инвестиции, или украсить
Компании имидж: тогда Эрик в центре.

Однако же все ключевые решенья
Макс сам принимал — и толково и смело!
С учётом последних тенденций важнейших
Он крайне успешно раскручивал дело.
В итоге сложилось, что, в общем-то, Макса
Никто из партнёров бы не заменил —
Структурно концерн, оказалось, завязан
И сформирован вокруг Макса был.

Увы, Эрик с Грегом внезапно столкнулись
Не только с проблемами бизнес стратегий,
К несчастью, концерна впрямую коснулись
Уже и все сложности их отношений.

Партнёры друг друга теперь обвиняли
В открытом давлении на консультантов,
А те, в свою очередь, критиковали
Любой из представленных им вариантов.

Стремительно цифры росли, что готовы
Платить компаньоны за акции были,
Но я отказалась — заверив их снова,
Что сделки не будет, чтоб там не сулили!
Мне не было, собственно, дела до денег,
Престиж или слава — заботили мало,
Но очень хотелось — чтоб Макса идея
В основе компании жить продолжала!

Поскольку пакет моих акций позволил
Серьёзно рассчитывать на утвержденье
Решений, что были бы приняты мною,
Задумалась о вариантах решений.
Самой управлять неразумно, конечно:
Ни знаний, ни опыта я не имела —
Нанять нужно профи, кто мог бы успешно
Продолжить за Макса серьёзное дело.

— ✂ —

Помочь мне найти управленцев достойных
Я вновь попросила всё тех же экспертов;
Пока шёл процесс — я вернулась повторно
К просмотру всех собранных мной документов.

Но тщетно искала в бумагах зацепки:
Я всё просмотрела уже многократно,
Включая и текст на полях, где пометки
Оставил Хосе́ — для меня, вероятно.
Брюнетки из бара страницы опросов...
Пометка там: «подпись я с паспортом сверил»,
Меня натолкнула на мысль о вопросе:
Насколько он тщательно паспорт проверил?

В отсутствие лучшего плана для действий,
Решила поехать я к Эмме О'Бра́йен —
А вдруг разобраться мы сможем с ней вместе?
Хоть шанс на успех явно был минимален.

— ⚡—⚡ —

———————————————

ГЛАВА ВОСЬМАЯ

Вот нужный мне дом. Стиль британский типично,
Словом, добрая, старая, хоть и Новая Англия,
Где эпох сочетанье всегда органично,
А в эклектике — шарм и особая магия...

Дверь открыла мне Эмма и... буквально застыла!
Замешательство страхом моментально сменилось,
Резко в панике дверь перед носом закрыла —
И дилемма с брюнеткой в тот же миг прояснилась!
Меня Эмма О'Бра́йен несомненно узнала —
Ну а значит: на судне — макияж и парик —
Чтобы яркой брюнетки роль блондинка сыграла,
А для алиби создан вроде даже двойник.

На повторный звонок дверь уже не открылась,
Я в неё колотила!—Выбить окна хотела —
И добиться всей правды! Я почти что решилась...
Но усилием воли сдержаться сумела.

Стучало в висках — от зашкала эмоций!
В таком состоянии было опасно
Что-либо решать: чувства — за! разум — против,
Кому доверять — было как-то неясно...
Минуту назад приоткрылась часть правды:
Та дрянь к смерти Макса, конечно, причастна!
Я её ненавижу! — Но мне нужны факты —
Причины убийства в круизе злосчастном.

Звонок Соломону помог отрезвиться —
Слегка подостыв, согласилась — не стоит
Горячку пороть: в дом к О'Бра́йен ломиться,
Тем более дело навряд ли простое...
Пришлось отступить. Не хотелось ужасно!
Вернулась домой. На аллее у дома —

Старик под зонтом, мне знакомый прекрасно:
Свет фар через миг осветил Соломона.
Меня он давно поджидал у подъезда,
Обняв пошутил, что хотел убедиться,
Что всё обошлось «без стрельбы и ареста»,
А мне не терпелось с ним всем поделиться.

И мы до утра просидели почти что,
Когда я заснула в большом мягком кресле:
Событий, эмоций — всего было слишком,
А он мне помог их осмыслить и взвесить.

— ⚡—⚡ —

Уже через день в юридической фирме,
Где Эмма О'Брайен свой офис имела,
И где спектр дел у неё был обширный,
Искал Соломон нам фальшивое дело.

Но «Эммы, — сказали, — неделю не будет:
По личным делам, к сожалению, срочно
Уехать пришлось ей, но вы не волнуйтесь,
На среду назначьте — она будет точно».

Назначили. Имя фиктивное дали,
Но было тревожно: вдруг вздумает скрыться?
Меня Соломон успокоил: — Едва ли
Она сможет этим чего-то добиться.
О'Брайен — юрист: понимает прекрасно,

Что, скрывшись, лишь только себе навредит.
Терпенье, — сказал он. Я в целом согласна,
Но только, боюсь, с ним сейчас дефицит...

— ⚡—⚡ —

Как было непросто заняться делами!
Дни еле ползли, нетерпенье — напротив:
Росло столь стремительно, словно цунами,
Мешая безжалостно важной работе.

Ещё повезло, что мои консультанты
Нашли замечательных двух кандидатов:
Любой, безусловно, являлся гарантом
Надёжных решений и результатов.

Поскольку играть за спиной у партнёров
Считала неправильным и недостойным,
Я их пригласила на встречу, в которой
Мы обсудить всё могли бы спокойно.
«Спокойно», конечно же, не получилось:
Там факторов много — и ставки большие,
Все взвинчены (хоть и по разным причинам),
И я в роли сложной подобной впервые.

Рассчитывать, что компаньоны серьёзно
Воспримут меня как их бизнес партнёра,
Наивно бы было, к тому же нервозно
Себя ощущала я всё время спора.

Но я постаралась (насколько возможно)
Свою изложить им позицию ясно,
Пришлось и слова подбирать осторожно,
Чтоб не обидеть кого-то напрасно.

Партнёры со мной согласились в итоге,
И встреча прошла конструктивно (частично):
Мы сделали выбор, но вот с диалогом
У компаньонов проблематично...

— ≈ —

Чем ближе среда — тем сильнее волненье:
Из рук всё валилось, давалось не сразу,
То кофе пролью, то сорвусь в раздраженьи,
То долго вникаю в обычную фразу.
Все мысли о встрече! В таком напряженьи
Ночами не сразу заснуть удавалось,
Буквально знобило от нетерпенья...
Но снова судьба в мои планы вмешалась.

Во вторник звонок: — Вашу встречу с О'Брайен,
Увы, отменить, к сожаленью, придётся.
Другого юриста мы вам предоставим,
При первой возможности вами займётся. —
Я крикнула в трубку: — В чём сложность возникла?
И в миг от ответа кровь в жилах застыла:
Сказали: — Авария. Эмма погибла.
Полиция нас лишь вчера известила.

Протест... Раздражение. Шок... И досада...
Настолько нелепым и диким казалось:
Просвет лишь забрезжил, как снова громада,
Закрыв слабый луч, на пути возвышалась!

Под Бостоном в ночь катастрофа случилась.
Туда я помчалась узнать всё подробно:
А вдруг эта стерва опять ухитрилась —
И трюк провернула с фальшивкой повторно?

— ⚡—⚡ —

ГЛАВА ДЕВЯТАЯ

От Бостона вроде отъехала мало...
И вот в захолустье каком-то убогом
Уже полицейский участок искала,
Пока колесила по грязным дорогам.

Гадюшник везде — в чём-то даже уместно:
Контингент ещё тот... полицейские тоже
Не ушли далеко в плане сленга и жестов,
От отборного мата — мурашки по коже.

Я невольно поёжилась: жуткое место...
В подобных бывать раньше не доводилось,
Но только сейчас как-то не до эстетства,
К тому ж выбирать мне и не приходилось.

Сказали, что делом «ковбой» занимался,
Когда я про Эмму в участке спросила.
— Недавно у нас. Детектив из Техаса. —
«Сти́вен Тэ́йлор», — табличка на двери гласила.

Молодой детектив оказался довольно
Энергичным и дерзким, однако толковым:
Всё мгновенно просёк, снизил градус жаргона,
Не стал притворяться крутым и суровым.

Гибель Эммы О'Бра́йен подтвердилась, к несчастью:
ДНК, отпечатки — нет сомнений нисколько!
Детектив пояснил: — Роковая случайность:
На дороге в ту ночь было мокро и скользко.
А ещё алкоголь и огромная скорость!
Лёд на трассах, — сказал, — но беспечно лихачат... —
Я пыталась осмыслить ужасную новость...
Если б выбила дверь — всё бы было иначе...
А теперь всё пропало! И уже бесполезно...
Я, не выдержав больше, тогда разрыдалась:
Нагрузка (что, видно, была непомерной)
С отчаяньем вкупе в итоге сказалась...

Слегка успокоившись, всё объяснила.

Стив слушал меня с неподдельным вниманьем;
Халатность панамских коллег возмутила,
И трюк ФБР с их фиктивным дознаньем.

Техасский ковбой комментировал жёстко,
И то, что он резкий, немного наивный,
И что с обострённым ещё чувством долга,
Читалось за лексикой ненормативной.
Совсем не понятно, как мог уживаться
В полиции кто-то с подобным набором,
Но мне повезло с ним тогда повстречаться,
В чём я убедилась уже очень скоро.

Стив делал пометки в блокноте поспешно,
Рассказ прерывая вопросами часто:
Про Макса, и все обстоятельства смерти,
К которой О'Бра́йен, похоже, причастна.
— Нам надо контакты погибшей проверить,
Всех тех, — пояснил, — с кем недавно общалась. —
Досье ФБР, с узкой выборкой в деле,
Не слишком полезным ему показалось.

— На месте, что странно... точней необычно, —
Мне Стив рассказал, — телефон обнаружить
Не удалось возле тела погибшей:
Ни в разбитой машине, ни где-то снаружи.
Пока не понятно, что в нашем районе
Могла она делать — тем более ночью?
Зачем так гнала на опасном уклоне?!

Куда и к кому ей приспичило срочно?
Вопросы один за другим возникали...
— Я дело оставлю открытым подольше,
Что даст нам возможность проверить детали,
Так будет, — сказал он, — быстрее и проще.

— ⚡—⚡ —

Прошло пару дней. Стив уже ухитрился
Проверить счета телефонных компаний:
Что Эмма О'Бра́йен исправно платила,
И список звонков исходящих составил.

Два номера были достойны вниманья:
С визитом моим они близко совпали —
Когда ещё шок не прошёл от свиданья,
Но мы важность встречи уже осознали.

Один номер был юридической фирмы:
Им Эмма, скорее всего, сообщила
О срочном отъезде — что очевидно:
Чтоб фирма клиентов предупредила.

Второй номер был интересен особо:
Его набрала она сразу, как только
С испугом захлопнула дверь, и — виновна!
Сомнений уже не осталось нисколько.

— Она набирала потом тот же номер

Три раза ещё, — мне Стив Тэ́йлор сказал, —
Последний — с мобильного в нашем районе,
Звонок на тот номер последним! и стал...
А вот абонент нам пока не известен,
Похоже, фальшивый — сейчас выясняем.
К чему б эти игры вести, интересно? —
Ковбой усмехнулся. — Ну что ж, поиграем.

— ⚡—⚡ —

ГЛАВА ДЕСЯТАЯ

Игра оказалась гораздо серьёзней,
Чем представлялась ему изначально.
— А в рамках «аварии» крайне непросто, —
Посетовал Стив, — всё проверить легально,
Ещё и мобильник с контактами Эммы... —
Его детектив разыскать не сумел,
Как если бы тот провалился сквозь землю,
Забрав с собой тайну, которой владел.

Тогда мы решили — мне встретиться стоит
С родными и близкими Эммы О'Бра́йен:

А вдруг повезёт? — И визит приоткроет
Последнего номера мрачную тайну.

Начать же с задачи пришлось самой трудной:
Визит к бедной матери, дочь потерявшей...
К тому же мои очень сложные чувства...
И голос рассудка, им всем возражавший...

Роль «просто знакомой, узнавшей недавно
Какая трагедия с Эммой случилась...»,
Далась нелегко — я устала изрядно,
Но многое мне по-иному открылось.

Во время беседы я вскользь обронила,
Что с Эммой мы были в Панамском круизе.
— К заветной мечте, — мать её объяснила, —
Должна была дочку поездка приблизить.
Но только кошмаром, видать, обернулась... —
Со мною сквозь слёзы она поделилась, —
И Эмма напуганной, нервной вернулась,
А что за беда — рассказать не решилась.

Она на меня посмотрела в надежде,
Но я от ответа тогда уклонилась —
Сказав, что, должно быть, покинула прежде
Я судно, чем что-то у Эммы случилось.
Придумала повод весьма заурядный:
Как будто бы срочно с работы сорвали,
А после спросила: — В чём, если не тайна,

Заветной мечты заключались детали?

И тут оказалось, что Эмма мечтала
Прославиться громким судебным процессом:
— Она документы тогда собирала,
Уже даже что-то готовила в прессу.
Коррупции схемы в правительстве штата,
Решенья за взятки — когда без стыда
В угоду наживы бюджета растраты —
Мечтала она довести до суда.

Наивный романтик (?!) — Не слишком вязалось
С моим представлением образа Эммы.
Мне, помнится, версия та показалась
Примером для мамы придуманной темы.
— А как помогла бы поездка ей с этим? —
Вопрос задала я, скорей, машинально,
И вновь о «развесистой клюкве» в ответе
Услышать готовилась я изначально.

По мере того как она говорила,
Вниманье, однако, моё обострилось:
— Поездка, как дочка тогда объяснила,
Как раз таки к делу её относилась:
С правительством штата за крупную взятку
Контракт был подписан одним бизнесменом:
На медицинских приборов поставку,
По откровенно завышенным ценам.
Предприниматель как раз находиться

На судне был должен, в том самом круизе,
И Эмма считала, что сможет добиться
Признания подкупа при экспертизе.

Имён и деталей мать Эммы не знала,
Но тендер — что дочь назвала «просто фарсом»;
Приборы и фирма!.. — Ни много ни мало,
Речь шла о контракте, подписанном Максом!

Расклад этот странный меня озадачил:
За взятку контракт? — Но ведь это враньё!
О'Бра́йен ошиблась? — Иль кто одурачил,
Сознательно ввёл в заблужденье её?
А что до контракта — открыто и честно
Его заключил Макс с правительством штата,
Причём выиграв тендер, мне точно известно,
Без основания для компромата!

Но что получается? — Контур загадки
В ином совершенно контексте предстал?!:
Макс. Крупный контракт. Обвиненье во взятке.
О'Бра́йен. Круиз. — ? — И ужасный финал.

Я тщетно пыталась связать воедино:
Что было известно, и новые факты...
Возможно, картина ещё проясниться,
Когда я узнаю погибшей контакты.

— А вот фотографии детские Эммы, —

Прервал голос тихий мои размышленья...
В нём боль и любовь, обречённость и нежность...
Моё сжалось сердце в ответном движеньи...

Неспешно дрова догорали в камине,
И будто сместились пространство и время...
Лишь два одиночества... и рядом с ними
Безмерного горя тяжёлое бремя.
Фрагменты из прошлого, старые снимки...
И будто бы не было пропасти вовсе...
Изломаны судьбы непоправимо...
И мне задавать не хотелось вопросы.

Но как-то само всё сложилось собою —
Мне стало понятно общалась с кем Эмма:
Помимо родных, с кем делилась мечтою,
Работа, соцсети... — обычная схема.

Последнего номера тайна осталась.
Но мать Эммы вспомнила: был некий «Джон»,
С ним Эмма при ней никогда не встречалась,
Но вроде круиз посоветовал он.

— ⚡—⚡ —

ГЛАВА ОДИННАДЦАТАЯ

— А это уже любопытно, — и Стив,
Довольный итогом, прищурил глаза,
Затем обронил: — Я впервые с таким... —
Но вместо смущенья — во взгляде азарт.
— Я тоже нашёл кое-что, что поможет
Мне сделать запрос об изъятии данных
С компьютеров Эммы, — и тут же продолжил. —
Есть ряд обстоятельств в аварии странных.
На первый взгляд вроде бы всё заурядно:
Темно, гололёд — а в крови алкоголь;
На склоне О'Брайен зачем-то внезапно
Жмёт тормоз — и тут же теряет контроль!
Но вот за каким... ей приспичило это?
Препятствие? Глюки?... Но что интересно:
Предположительно след от Корвета, —
Тут Стив уточнил, — нам пока не известно.

— Столкнул Эмму с трассы? Тогда не случайно... —
Меня не дослушав, ковбой пояснил:
— Он шёл впереди, и его изначально
Причастность к аварии я исключил.
Он в нескольких ярдах до места, где Эмма
Нажала на тормоз, внезапно свернул;
Пока мы не знаем: совпало ли время
Аварии с тем, как он нагло рискнул.
В одном я уверен — в машине был профи!:

Манёвры такие на скользкой дороге
Ничем для других не кончаются, кроме
Короткой заметки — уже в некрологе.

— А если он шёл впереди, то какое
Он может иметь ко всему отношенье? —
Вопрос ожидаемым был для ковбоя,
И он с удовольствием дал объясненье:
— Допустим, подельник, что с Эммой закон
Уже преступил, находился в Корвете,
Допустим, тот самый таинственный «Джон»,
И вот инцидент предстает в новом свете!

Стив руки потёр, он, похоже, был рад.
— Теперь основание есть для запроса!
Возможен, к примеру, такой вариант, —
Вернулся обратно он к теме вопроса, —
Когда Эмма в панике «Джону» звонила,
Он встретиться, видимо, ей предложил,
И за бокалом вина, кружкой пива,
«На время исчезнуть» её убедил.
«В надёжное место», «поблизости где-то»...
К примеру, сказал: «Просто следуй за мной...»,
И девушка, чтоб не отстать от Корвета,
Гнала безрассудно по трассе ночной.
А «Джон», как телёнка на бойню: цинично!
Пригнал на опасный и сложный уклон,
Он всё рассчитал и продумал отлично,
И лишний свидетель там был обречён. —

Стив паузу сделал. Я тоже молчала,
Отчётливо — словно увидела лично,
Тогда перед мысленным взором предстала
Короткая цепь тех событий трагичных:
Как Эмма едва успевает за «Джоном»,
И то, как свернул резко с трассы Корвет,
Она тормозит... но на льду, под уклоном...
А Эмма — не гонщик, увы, шансов нет...

— ⚡⚡ —

Мы в простеньком баре сидели со Стивом,
А в окна и двери порывистый ветер
Стучался листвой, мокрым снегом настырно,
Как будто бы рвался о чём-то поведать.

— Вот если б я быстро Корвет разыскал, —
Обмолвился Тэйлор, а мне показалось,
Что слабо он верил в подобный финал,
Но я понадеялась, что ошибалась.

— А как к заключенью пришли, что Корвет,
А не другой там какой-то спортивный?.. —
И мне детектив объяснил: — Только след
Картины, конечно, не даст объективной.
Но нам повезло — и свидетели есть.
Им жёлтый Корвет, говорят, повстречался,
Тут, правда, особенность стоит учесть:
Те два старика... — Стив немного замялся,

Затем уточнил: — Прямо скажем — не очень
Они что-то смыслят в машинах спортивных,
А вот оказались на трассе той ночью
По милости деда: характер противный.
Поссорился с сыном: «Ему нахамили!»,
Супругу в охапку, короче — вразнос:
Видали, мол, вас! — и накручивать мили... —
С сарказмом (но грустно) ковбой произнёс.

Заметив, что я обратила вниманье
На тон и его выраженье лица,
Он мне объяснил, что до степени крайней
Старик ему этим напомнил отца.
Но от подробностей Стив уклонился,
Посетовав только, что так до сих пор
Отец извиняться и не научился —
И ссорой кончался почти каждый спор.

— В том месте пустынно, особенно ночью,
И если бы дед наш в гостях не вспылил... —
Вернулся к свидетелю Стив. — Кстати, он же
Об автоаварии нам сообщил.
А после спустился к разбитой машине:
Проверить — а вдруг будет кто-то живой,
Дождался нас там, на такой холодине!
И только затем путь продолжил домой.
По скользкой дороге, в своей колымаге...
Ещё и так много всего пережив!..
Измучились за ночь, поди, бедолаги, —

С сочувствием мягко сказал детектив.

Хороший он парень. Мне было приятно
Общаться с ковбоем, хотя общих тем
Мы много найти с ним сумели бы вряд ли
За рамками наших тогдашних проблем.
Но нам и по делу вопросов хватало!..
И главный: кто «Джон»? Сам себе прокурор?
Какую роль Эмма в убийстве сыграла,
Тем самым себе подписав приговор?
И более мелкие — скажем, такой:
Её телефон?! Тот куда подевался?
Он был, безусловно, у Эммы с собой,
У тела же девушки не оказался!

— А что, если «Джон», когда Эмма погибла,
Забрал из машины её телефон? —
Но Стив покачал головой: — Не логично,
Чтоб так рисковал опрометчиво он.
Отсутствие следа на месте крушенья,
А «Джон» однозначно бы там наследил,
Нам лишь подтверждает, что он, без сомненья,
К разбитой машине не подходил.
А выкрал, я думаю, чуточку раньше:
К примеру — на трассе притормозил,
И Эмме наплёл про звонок «очень важный»,
«На время» мобильник её «одолжил».
«Отдам чуть попозже», а «мой разрядился»,
«Сломался», — не важно какое враньё,

Но так иль иначе, но гад ухитрился
Улику забрать в тот момент у неё.
Мы вряд ли узнаем какую опасность
Мог телефон для него представлять:
Случайные снимки, любая пустячность,
Но только подлец не хотел рисковать.

— А может быть, выкрал, к примеру, в кафе?
И кто-то запомнил, как с девушкой «Джон»?..
— Навряд ли, — последовал краткий ответ, —
Контраст больно стрёмный: тут бедный район.
На стильном Корвете? В дыре нашей? Глупо!
Одно дело в Бостоне — чтоб не светиться,
А так как О'Брайен звонила отсюда...
Хотя?.. Я проверю, авось пригодится.

— ⚡—⚡ —

Был прав детектив, как, увы, оказалось:
Ни Эмма, ни спутник на жёлтом Корвете
У тех заведений не появлялись —
И их в захолустье никто не приметил.

— ⚡—⚡ —

ГЛАВА ДВЕНАДЦАТАЯ

Пока обходил Стив кафешки и бары
И санкцию ждал на изъятие данных
С рабочих компьютеров Эммы О'Бра́йен,
Концерн обсуждал предстоящие планы.
Весной намечалось продленье контракта
С правительством штата, и наши юристы
Работали слаженно, чтоб все этапы
Пройти удалось беспроблемно и быстро.

Я к ним обратилась за разъясненьем
Дсталей контракта и тендера правил —
Не то чтоб в законности были сомненья,
Но Эмму к контракту же кто-то направил?
Что я там искала? — Я толком не знаю,
Должно быть, надеялась к тайне: кто «Джон»?
Немного приближусь и к пониманью:
Какую игру — и зачем — начал он?

Фрагмент неизвестной циничной игры
Нам стал очевиден, когда приоткрыли
Секреты свои цифровые миры —
Что Эммы компьютеры в недрах хранили.

Действительно девушка, судя по файлам,
Серьёзно готовилась разоблачать
Коррупции схемы и грязные тайны:

Уже материал собирала в печать.

Часть данных, понятно, она удалила,
Как только успела вернуться домой,
Однако их быстро весьма «воскресили»,
Заметив, что случай «довольно простой».

В той папке, что нам оказалась полезна
(С солидной подборкой законодательств),
И был «компромат». Но звучит лишь помпезно:
Он совершенно без доказательств.
Но что интересно — источник единый
Имели фальшивые разоблаченья —
За всем стоял «Джон»! Этим мы подтвердили
Свои изначальные предположенья.
Но вот кто скрывался за подписью «Джон»,
Для нас оставалось пока что загадкой:
Профессия, полное имя?.. Лишь пол...
(Хотя даже с этим возможны накладки).

Уж слишком большим получался тот круг,
Что мы очертили вдвоём с детективом:
Кто «Джон»? Явный враг или «преданный друг»?
Дела? — Или личное? — были мотивом?..

Кто целью был? Макс? Или может, к примеру,
Чиновник в правительстве? Иль за спиной
У Эммы себе нагло делал карьеру
Юрист, журналист, или кто-то другой?..

Пока очень грамотно прятался «Джон»:
И имя и счёт, очевидно, фальшивы,
Как не отслеживался и телефон —
Спецы разбирались, мы ждали со Стивом.

— ⚡⚡ —

Точнее Стив рылся в её документах...
Там личные файлы. Вторгаться?.. А впрочем,
На частную жизнь смертью сняты запреты,
К тому ж интерес его был правомочен.

Со слов детектива, характер посланий
И тон переписки — сухой и формальный.
— Ни тени намёка на флирт. Очень странно:
Красивая ведь! И любой бы нормальный... —
Стив сильно смутился, но я улыбнулась,
К тому же он прав был — и здесь, очевидно,
Мы с чем-то опять непонятным столкнулись:
Она объективно была миловидна.

— А это удача! — в какой-то момент
Воскликнул ковбой. — И реально зацепка!
Я в их переписке нашёл документ,
И «Джон» не отвертится: вляпался крепко!
Инструкция по примененью токсина,
Чтоб можно вести было наркодопросы,
Причём, здесь как раз таки скополамина
Прописаны чётко детали и дозы.

— Что? Я не ослышалась? Наркодопрос? —
Ответ прозвучал откровенно скептично:
— Скорей всего — ширма! — и передоз,
Я думаю, он просчитал прагматично.
Не самое лучшее, в сущности, средство
Для наркодопросов скополамин.
Хоть я не эксперт, и у нас это редкость,
Но всё ж наблюдал как-то случай один.
Признаться, хватило! Тот малый ни слова
Почти не сказал — пересохла так глотка:
Побочный эффект алкалоида. Клёво?
Допрос называется (!) — лучше уж водка:
Надёжное средство и очень простое;
С позиций закона к тому ж безопасно;
А средства спецслужб — это дело пустое,
И «Джон» бы не стал подставляться напрасно!

— А что, если «Джон» имел опыт удачный
В так называемых наркодопросах,
И не убийство — другая задача?..
А Эмма случайно напутала с дозой?
— Во всём разберёмся, — Стив мигом заверил. —
Запрос я направил, и дело, ручаюсь,
Повторно откроют, всё перепроверим,
Я в этом нисколько не сомневаюсь!
Появится сразу возможностей больше:
И доступы к данным, и нужных людей
Оперативно задействовать сможем,
Чтоб вычислить «Джона» как можно скорей.

— А может быть, нам пригласить Соломона?
Он — судмедэксперт, разбирается в ядах,
И к ФБР отношенье прямое... —
Мы в этом со Стивом совпали во взглядах:
— Согласен. Тем более, честно признаться,
Я сам бы общаться с Бюро не хотел,
А нам Соломон бы помог разобраться:
Возможно, к ним «Джон» отношенье имел.

— Кто? — Я взглянула на детектива:
Он это серьёзно? Или шутил?
Ну ничего себе так перспектива?!
И вот как ковбой мне её объяснил:
— Отсутствие части бумаг в ФБР;
Отказ от повторной проверки в круизе,
Хотя, по всему, должен был офицер
Запрос о повторной подать экспертизе!
Однако свернул дело быстренько вместо,
Как будто специально опрос проведя,
Чтобы в итоге тех «следственных действий»
Случайно не выйти самим на себя.

Мой Макс? ФБР? — Очень странно звучало:
Уж слишком мудрёно... Мотивом, скорее,
Мог бизнес быть, зависть... но спорить не стала:
Ему — детективу, наверно, виднее.

— ⚡⚡ —

Хотелось конкретики, но есть реальность:
Пока результатов проверки не дали,
И Соломона, увы — так совпало —
Дела неотложные в Хайфе держали.

А там Рождество… Но впервые так грустно:
Когда-то волшебный, с наивностью детства,
Теперь день прошёл бессюжетно и пусто —
Без сказки — она с тем круизом исчезла…

Родные старались — я им благодарна:
Звонили, просили — и я согласилась,
Приехала. Вместе все. Праздник формально,
Но только ждать чуда не получилось…
Хотя всё как прежде: с рождественской ёлкой,
Пушистые лапы... украшена ярко —
Шары, мишура, огоньки... но вот только...
Под ёлкой нет больше для Макса подарка.

— ≶—≶ —

ГЛАВА ТРИНАДЦАТАЯ

Когда огоньки разобрали, и снова
Вернулся к рутине своей зимний город,
Мы встретились вечером у Соломона,
Тем более был дополнительный повод.

В движенье бумаги пришли. Завертелось!
Связались со Стивом большие чины:
Решалось, кто дальше вести будет дело,
Ковбой пошутил, что «курки взведены».
— И скоро начнётся! — Во взгляде лукавом
(Спектр прочих эмоций собой заслонив),
По-моему, гордость светилась... — Халява
Уже не прокатит, — заверил нас Стив.

Мои опасения — столь разным людям
Не просто найти будет общий язык —
Рассеялись тут же, когда без прелюдий
Контакт деловой между ними возник.
И вот Соломон, по привычке, тактично:
— Наверное, в принципе есть вероятность... —
Но к связи Бюро он отнёсся скептично,
Как прежде считая: простая халатность.

А что же касается наркодопросов,
Со слов Соломона — они в ФБР
Не популярны, и больше вопросов,

Чем пользы от этих «сомнительных мер».
Он далее Стива поправил корректно
С проектом «Болтун»: по словам Соломона,
Не ЦРУ — а морская разведка,
Проект не «гражданский», а Пентагона.
А мне совершенно казалось неважным:
Какая спецслужба, чей первый проект
По наркодопросам, и что испытала,
Когда подбирала ей нужный эффект.
Как я поняла из беседы со Стивом,
Подобных проектов хватало с лихвой.
Насколько этично? Вопрос перспективы:
«От цели зависит», — уверен ковбой.

А вот что действительно важно мне было —
Так это как нам объяснил Соломон
Летальную дозу скополамина,
С учётом того, что прислал Эмме «Джон»:
— От качки морской Макс использовал пластырь,
В основе которого — скополамин,
Плюс наркодопрос: в его «сыворотке правды»
В больших концентрациях тот же токсин.
И, судя по данным судмедэкспертизы,
Скорей всего, девушка не нарушала
Инструкций, ей присланных «Джоном» к круизу...
— Выходит случайность? Всё просто совпало?
— Не слишком я верю в такую случайность, —
Мне крайне скептично ковбой возразил, —
Хоть в принципе версию не исключаю,

Но этот исход бы меня удивил.

Я тоже считала, что прав детектив:
И было убийство. Точнее двойное!
Но нам не известны ни цель, ни мотив,
И выводы, стало быть, делать не стоит.

— ⸎—⸎ —

А очень хотелось бы выводы делать,
Но двигалось всё не туда, куда нужно:
Разборки, проверки, топтанье на месте,
И этим был Тэ́йлор по горло загружен.
Я, глядя на Стива, надеялась только,
Что скоро бумагам найдут формалисты
Достойное место на дисках и полках —
Однако процесс оказался небыстрым.
Как позже признался ковбой: он был близок
К тому, чтобы «плюнуть на весь этот бред»
С огромным объёмом служебных записок
И делом заняться карьере во вред.

Стараясь его понапрасну не дёргать,
Я часть документов (две трети примерно),
Одобренных им же: «чтоб в рамках закона»,
В те дни показала юристам концерна.
Шанс был невелик, но попробовать стоит,
А вдруг обнаруженный в них «эксклюзив»,
Завесу нам тайны: кто «Джон» приоткроет,

Пока зашивался с бумагами Стив.

Но жаль! — Не смогли отыскать уникальность,
Что помогла бы нам вычислить «Джона»:
Там факт необычный, конфиденциальность...
Увы, не нашлось эксклюзива такого.
Детали контракта, со слов адвоката,
А также решенье по тендеру — всем
Доступны на сайтах правительства штата,
И вроде как — не «любопытны» ничем.
«А разные домыслы и подозренья —
Плод чьей-то фантазии — разве что смело.
И было составлено всё — без сомненья —
Там не юристом — скорей бизнесменом».

— ✄—✄ —

ГЛАВА ЧЕТЫРНАДЦАТАЯ

Чуть сузился круг — не юрист, получалось.
«Джон» бизнесмен? Конкурент? — Кто угодно...
К примеру, партнёр? — Нет, нелепым казалось!
Я Макса друзей исключала исходно.

Ковбой же, напротив, особенно — Эрик
Привлёк моментально внимание Стива:
Его образ жизни — и «та куча денег,
Что парень спускает, живя столь красиво.
К тому ж экстремал: любит риск». (Что ж, бывает;
Всё так — только парень он очень счастливый.
Такие — уверена — не убивают
Надёжных друзей своих ради наживы!
Да, любит риск, и поездки совместно
Всегда «экстремальные», часто опасно,
Но Максу и мне было с ним интересно,
Хоть я, если честно, боялась ужасно).

«Водитель отменный, лихач». (Но Корвета
Пока ещё с Эриком Стив не связал!),
Что, впрочем, его не смутило: — Вообщё-то,
Я б тоже на собственном не рисковал.
У Ко́нарда алиби нет на то время,
Как ловко подстроил аварию «Джон»... —
И к прошлому Стив прицепился: — К примеру,
В Испании Ко́нард нарушил закон:
Статья «контрабанда», но, правда, замяли... —
Я знала историю эту прекрасно:
Он вёз раритет — на таможне изъяли,
Но Эрика там обвиняли напрасно.
Продав, антиквар не оформил бумаги
(Как полагалось: на редкий эфес);
Эксперты сочли, что эфес был от шпаги,
Собой представлявшей большой интерес.

Тогда повезло — мы все вместе летели,
И Макс подключил кого нужно в Мадриде:
Помимо других, был директор музея —
Вот он и уладил конфликт в лучшем виде.

Ещё основания для подозрений —
Знал даты круиза заведомо «Джон»,
Был в курсе болезни морской своей жертвы,
И был о контракте осведомлён.
И Стив подытожил: — А «Сывороткой Правды»
Не для допроса «Джон» Эмму снабдил,
Заранее знал, чем та «правда» чревата,
В убийство, подонок, девчонку втравил!
Подбросил сперва «документ перспективный»:
Закупки за взятки, контракт, мол, «не чист».
А Эмма О'Бра́йен — фанатик наивный,
Борец за идею, незрелый юрист!

Однако не смог Стив сомнений посеять,
Но в принципе прав — ради денег и власти
Порой на такое идут... не поверить —
И лучших друзей разорвали б на части.
Хоть я изменилась, как Макса не стало
(Как все говорят, став циничней и жёстче),
Но всё же принять, безусловно, реальность,
Что «Джон» не из наших, мне было бы проще.

— ✄—✄ —

Причин опасаться, что «Джон» затаился,
Имелось с избытком. Но коль допустить:
Не всех ещё целей убийством добился —
Тогда должен будет себя проявить.

В последнем уверен был Стив: ведь О'Бра́йен
Убийца не стал устранять моментально,
Я, видно, преступнику спутала планы,
Когда обнаружила Эмму случайно.
— Мерзавцу пришлось изменить часть программы:
Убрать её раньше, чем он намечал,
А стало быть, шанс остаётся реальный,
Что он станет действовать, — Стив полагал.

— ≠—≠ —

И не ошибся! — Звонок из концерна:
— Возникли проблемы, был вброс компромата! —
Мне следом озвучил, насколько всё скверно,
Простуженный голос Ренэ́, адвоката.
Действительно скверно: как раз накануне
С правительством штата контракта продленья
Солидная пресса статью публикует,
Во взятках бросая нам в ней обвиненья.
И хоть обвинения, ясно, абсурдны —
Начнутся проверки изложенных «фактов»,
Что точно надолго; к тому ж пересуды —
Чиновникам будет не до контрактов!

Но это как раз-таки тот самый случай,
Когда, говорят: «Худа нет без добра» —
Круг сузился вновь, и теперь уже лучше,
Гораздо понятнее стала игра.

Публичный скандал не на пользу партнёру:
Урон репутации фирмы, к тому же —
Чего б он добился подобным приёмом,
Помимо того, что себе делал хуже?

Я как рассуждала: ведь если бы целью
Убийцы был Макс — а точнее та роль —
Что муж мой играл столь успешно в концерне,
Тогда бы преступник ход сделал иной:
Меня устранить, или вынудить как-то
Продать ему акции. Стив согласился,
Что Эрику с Грегом скандалы навряд ли
И в прессе шумиха могли пригодиться.

А вот конкурентам скандал был полезен!
Но там не сходились детали — и где-то:
То алиби есть на момент смерти Эммы,
То возраст и вес — не до гонок в Корветах.

Конечно же Стив расспросил журналиста,
Что грязью публично концерн поливал:
— Он нагло, визгливо — источник не выдаст:
Не помнит! — Мне Тэ́йлор при встрече сказал.
Затем усмехнулся: — Не помнит бедняга!

Поможем! «Подлечим» — уже не впервой...
Испуг стимулирует здорово память:
Склероз у писаки сняло как рукой!

Я тут же невольно представила Стива
Приставившим дуло к виску репортёра...
Весьма органичная для детектива,
В моём представлении, эта афёра.
Но всё, безусловно, не так драматично
(Как мне рисовало воображенье):
— Я, — Тэ́йлор сказал, — предъявил журналисту
В убийстве О'Бра́йен тогда обвиненье,
И полностью память восстановилась,
Но проку от этого, правда, не слишком:
За подписью «Джон» компромат парню прислан
С фиктивного адреса. Снова пустышка.

По правде, до встречи ещё с журналистом
Вполне предсказуемым был результат:
Как только статья одиозная вышла,
Где, как под копирку, и был компромат.
Все «факты» как будто из файлов О'Бра́йен,
Не трудно понять, кто за этим стоял!
А шанс, что он след вдруг случайно оставил,
И так изначально был ми́зерно мал.

— ⚡—⚡ —

ГЛАВА ПЯТНАДЦАТАЯ

Мне предстояла в Атланту поездка:
На выставку техники для медицины,
Куда собирались эксперты концерна,
И у меня появились причины.
Понятно, не в качестве медтех эксперта
(Ещё не хватало там нашим мешать) —
Я ехала встретить на ней конкурентов,
Точнее — за ними понаблюдать.

Увы, припозднилась тогда ощутимо,
Но мне повезло, что возникли накладки
У Роджера Рида, владельца той фирмы,
Что нам наступала активно на пятки.

Наш главный соперник летел тем же рейсом,
И что хорошо — мы с ним рядом сидели,
Рид сам предложил — чем задачу облегчил:
Полёт провести с явной пользой для дела.

Формально встречались на разных приёмах,
Но были, по сути, мы мало знакомы;
Во всех отношениях очень весомый —
Он вдруг оказался на редкость проворным:
Стюард рядом с креслом случайно споткнулся,
И если б не Роджер, то *Дом Периньон*
Смочил бы не горло, а чьи-то костюмы,

А при удачном раскладе — салон.

«Вот это реакция! Этот бы мог...», —
Невольно подумалось мне в тот момент,
А Рид рассмеялся, мол, рад, что помог
Предотвратить небольшой инцидент.
И я улыбнулась, отметив как ловко
Он это проделал, что, бьюсь об заклад —
Он бывший спортсмен, да ещё к тренировкам,
Должно быть, имелся природный талант.

Стратегия лести (в умеренных дозах)
Обычно даёт неплохой результат,
Особенно если представился повод,
И комплименты уместно звучат.

— Сейчас разглядеть во мне сложно спортсмена,
Но в теннисе есть чем, однако, гордиться,
Хотя на турниры Большого мне шлема
Не удалось за карьеру пробиться.
Ну разве что в бридже теперь остаётся, —
И Рид усмехнулся, похлопав бока, —
Как знать, может там мне как раз доведётся... —
Прищур хитрых глаз выдавал игрока.

Заметив, что Роджеру явно хотелось
Продолжить со мной про игру говорить,
Его подбодрила я просьбой на тему
Немного побольше меня просветить.

Что Роджер британец, узнала в процессе,
И там пристрастился к спортивному бриджу;
И очень гордился, что Черчилль и Тэтчер
Болели игрой: — Это бонус к престижу.
На уровне шахмат! находится бридж,
Но даже сам Ла́скер считал не случайно
«Игру Королей» игрой чисто логичной,
А бридж называл — интеллектуальной! —
Рид даже шутил, что жалеет отчасти,
Что бизнес идет чрезвычайно успешно: —
Выкраивать время труднее на матчи,
Но дело пока что важнее, конечно.

Вполне ожидаемо: с карточной темы
Мы перешли на привычный набор,
Ну и понятно, коснулись проблемы
Статьи под названием «Псевдо-отбор».
Той самой статьи: где концерн обвиняли
В попытке продлить незаконный контракт;
Стандартная схема — мол, крупные взятки
В основе причин миллиардных затрат.

— Нелепая чушь! Никаких доказательств, —
Должна была я заявить, а не Рид.
Да так энергично!.. Меня озадачил:
Хотелось бы знать, что за этим стоит?
Нам сильно вредил в прессу вброшенный вздор,
Но он вроде на руку был конкурентам —
Тем более Риду — что был до сих пор

Вторым основным на контракт претендентом.
— Ведь как деградировал мир нашей прессы, —
Клеймил бизнесмен журналистов активно, —
Фальшивки кругом, их читать бесполезно,
Точней даже вредно, и крайне противно!

Прекрасно блефует?! Рид классный игрок...
Но за кого он меня принимает? —
Безмолвную тень — у других за спиной —
Кому невдомёк, чем он, Роджер, играет?

Должно быть, во взгляде моём недоверье
В какой-то момент бизнесмен уловил,
И, улыбнувшись, без тени смущенья,
Позицию так он свою объяснил:
— Формально мне выгоден где-то скандал,
Но только реальность слегка посложнее...
Ведь как бы не важен мне был капитал,
Красиво играть — мне слегка поважнее.
Я знаю, вам туго без Макса придётся, —
Повторно сочувствие выразил Рид. —
Ещё этот гнусный скандал со статьёю
Большими потерями фирме грозит.
Другой бы на месте моём... но случайно
Мне побеждать откровенно обидно:
Теряется прелесть игры, что печально... —
И я с пониманьем взглянула на Рида.

— ◌—◌ —

Воздушные ямы. Никак не привыкну,
Хотя вроде знаю — не слишком опасно,
Попутчик озвучил свою перспективу:
— Аттракцион небольшой — это ж классно!

Его бы мне нервы!.. Я в кресло вцепилась,
Надеясь, что тряска вот вот и пройдёт...
Везде, где в болтанках бывать доводилось,
Я выбрала б с радостью «скучный» полёт.

— Гораздо опасней с подростком в машине:
Мой сын возомнил себя супер пилотом, —
Тем временем сетовал Рид, — И мальчишке
Полно подавай лошадей под капотом!
С другой стороны, есть у парня пример:
Мой поставщик, а де-факто — партнёр,
Спортсмен, автогонщик, причём с юных лет,
К тому же и гонок престижных призёр.
Мы с ним и сошлись на спортивном аспекте,
Он, правда, гораздо моложе — как вы,
Но я убеждаюсь на каждом проекте,
Что не ошибся в его деловых...
Я что-то не то?.. — собеседник прервался,
А мозг мой прокручивал фразу ковбоя:
«В машине был профи!». (Стив не сомневался).
Мне эти слова не давали покоя.

— Нет-нет, всё в порядке, задумалась, видно, —
Банальностью как-то неловкость смягчила,

А дальше, стараясь волненья не выдать,
Я гонщика имя у Рида спросила.
— Рэй Мо́ррис, — ответил задумчиво Роджер.
Мне имя, увы, ни о чём не сказало.
— Я б вас познакомил, но с Рэем... там сложно,
Но в личную жизнь мне влезать не пристало...

— Всё сложно? Он что, эксцентричная личность? —
Ответа фрагмент тут же слух обострил:
— Дистанцию держит, формален излишне... —
Мне Рид неохотно тогда пояснил: —
У парня, похоже, весьма специфичен
Набор предпочтений... а ряд обстоятельств... —
Подробности Рид не озвучил тактично,
На частную жизнь избежав посягательств.

О чём мне ещё говорил собеседник,
Я толком не слушала — мне не терпелось
Связаться со Стивом как можно скорее —
На месте спокойно уже не сиделось!

— ⸗ —

ГЛАВА ШЕСТНАДЦАТАЯ

Едва приземлились, дождавшись момента,
Связалась со Стивом. — Рэй Мо́ррис? А кто он?
Спортсмен-автогонщик? Партнёр конкурента?
В Атланте сейчас? — детектив был взволнован.
И тут же взял слово с меня, что я буду
«Держаться подальше, и лишь наблюдать»,
И я обещала — совсем не подумав,
Что слово навряд ли сумею сдержать.

Конечно же, Стив станет действовать быстро,
Но мне не терпелось узнать поскорее,
Какая есть связь, и неужто лишь бизнес —
Столь сильный мотив? Или есть посильнее?

По тем фотографиям, что разыскала —
Обычный мужик... но судить объективно
Я вряд ли могла — и в портретах искала
Убийцы черты я у Рэя активно...

Возможно, что Эрик и Грег что-то знали —
Я им позвонила практически тут же,
Но Эрик навскидку не вспомнил детали,
А то, что знал Грег, показалось ненужным.

Соцсети мне также помочь отказались:
Я там не нашла ни малейшей зацепки;

Неужто и впрямь только ждать оставалось,
Когда детектив завершит все проверки?

Я бросила взгляд на экран телефона:
В наивной надежде, что Стив ухитрился
Уже разобраться, что Рэй за персона,
И новостью этой со мной поделился.
Однако экран отражал лишь бесстрастно
В гостиничном номере ламп яркий свет —
Как будто хотел сохранить непричастность
К тому, что скрывал чей-то тёмный секрет.

Час ночи. Заснуть не удастся, похоже.
Спустилась из номера в лобби отеля.
От Эрика вдруг сообщенье приходит:
Держаться подальше от Мо́рриса Рэя.
Я тут же звоню. Выясняется: Ко́нард
Припомнил, что Макс наотрез отказался
Сотрудничать с Мо́ррисом, правда, он толком
«Не в курсе» причин: ибо в них не вдавался.
Советом: «держаться от Рэя подальше»,
Меня от «случайных» на выставке встреч,
Точней, обсуждений возможных поставок,
Хотел тогда Эрик предостеречь.

Теперь, сопоставив его замечанье
Со всем, что мне ранее Грег сообщил,
Я сделала вывод, что часть испытаний
Товар фирмы Рэя, видать, провалил.

И Макс предпочёл инвестировать средства
В развитие фирмы, что мало кому
Была на момент тот на рынке известна,
— А Мо́рриса, — Эрик сказал, — бортанул.

А на вопрос: — Что за личность Рэй Мо́ррис?
Ответил мне Ко́нард вопросом в укор:
— А чем интерес такой вызван? Он вроде
У Роджера Рида почти что партнёр. —
Заверила — нужно для важного дела,
Подробностей, мол, не могу рассказать...
(Хотя поделиться с ним очень хотелось!
Но Тэ́йлору слово дала подождать).

 — Скрывать от друзей? — буркнул он иронично,
Настаивать, впрочем, не стал, дав понять,
Что мало общался сам с Мо́ррисом лично,
Чтоб мнение чёткое сформировать.
— А что интуиция? — я не сдавалась.
— Его б я не выбрал в друзья и партнёры:
Он слишком заточен, как мне показалось,
На личный успех, и мужик невесёлый.

«Заточен на личный успех»... Да здесь каждый...
Ну хорошо — девяносто процентов,
Других и не встретишь, которым не важно
На шаг обойти деловых конкурентов.
Здесь что-то другое должно быть, наверно,
В чём мне разобраться ещё предстояло;

И то, что Рэй — «Джон», доказать достоверно,
А что, если нет? Уже раньше бывало....

— ⚡⚡ —

Огромная выставка, много компаний,
Средь стендов похожих легко заблудиться;
Один только перечень разных названий...
Но очередь к нам! Значит, есть чем гордиться.
Решительность действовать лишь укрепилась:
Мой Макс, его фирма — с избытком причин,
Чтоб я разобраться скорее стремилась,
А «Джон» по заслугам своим получил.

Сперва ж я о фирме и бизнесе Рэя
Побольше хотела от наших узнать,
И мне повезло, что один из экспертов
На месте мне многое смог рассказать.

Существенным фактором, как оказалось,
В решении Макса — помимо проблем —
Был факт, что Рэй Мо́ррис тогда отказался
«Модифицировать часть подсистем».
Начинка программная линии сборки,
Что Мо́ррис концерну хотел поставлять,
Спецам показалась достаточно «стрёмной» —
Как если «закладки» могла содержать.
Как я поняла, то программной закладкой
Они называли программу, что кем-то

Внедрялась в систему, и доступы к данным
Позволить могла получить незаметно.

Возникла угроза разоблаченья? —
Достаточно Максу тогда поделиться...
Да просто публично сказать о сомненьях —
И Мо́рриса бизнес мог тут же накрыться!

Ещё же Рэй Мо́ррис — как я там узнала —
Был сам первоклассным, видать, программистом,
Что мне подтверждало лишь: «Джон» не оставил
Следов виртуальных, проделав всё чисто.

— ⚡⚡ —

Вот только никак «познакомиться» с Рэем
Мне — «ненароком» — не удавалось.
Подстроить «случайность» смогла лишь под вечер,
Но в лучших традициях, как полагалось.

У стенда компании Роджера Рида —
Где с Мо́ррисом Роджер о чём-то шутил —
Я «вдруг оступилась» (достаточно чисто),
И Рид моментально меня подхватил.
— Вы вновь мне на помощь приходите, Роджер!
— Да сущий пустяк, чтобы ставить в заслугу. —
И следом «спаситель мой», как и должно быть,
Нас с Рэем формально представил друг другу.

Почти дружелюбно, но больше нейтрально...
Нельзя заподозрить, что Рэй меня знает,
А я же глазами впивалась буквально —
Стремясь убедиться: он что-то скрывает.

Мне кажется, пристальный взгляд истолкован
Был крайне превратно... однако мой план
От этого выиграл — поскольку знакомство
Отметить нас Рид пригласил в ресторан.

— ⚡—⚡ —

ГЛАВА СЕМНАДЦАТАЯ

В актёрской карьере, задумай я выбрать,
Боюсь, не грозило бы мне состояться:
Экспрессия заданных чувств, извините,
Совсем не моё — глупо даже пытаться.
Единственный выбор — нейтральная маска,
Другую не стоило и примерять —
Я затруднила бы только задачу,
Стараясь несвойственный образ играть.

Но всё оказалось сложнее и проще:
Общение с Мо́ррисом не задалось...
И мне потому из себя что-то корчить
В тот вечер, по сути, и не пришлось.

С подобным я точно столкнулась впервые:
Как если бы Мо́ррис незримый экран
Искусно воздвиг, и в нём, как я не билась,
Но тщетно искала малейший изъян.
И если б не Рид — что активно старался
Беседу поддерживать, много шутил —
То ужин совместный закончился б рано
(А этот сценарий в мой план не входил).

В какой-то момент (между супом и стейком,
И чем-то ещё, что наш стол заказал)
Приходит от Тэ́йлора вдруг сообщенье
Со ссылкой на старый спортивный журнал.
«Есть чем, — написал детектив, — поделиться»,
И время удобно как раз для звонка —
Я вышла поспешно: «слегка освежиться».
— А мы, — Рид сказал, — поскучаем пока.

— ⚡ —

Не слишком полезной, боюсь, к сожаленью,
Сочла информацию Стива тогда,
Но он возразил: — Между прочим, значенье
Всё будет в дальнейшем иметь для суда!

И это лишь только начало, но в целом
Чуть больше понятен типаж, так сказать:
За Мóррисом тянется шлейф преступлений,
Что, правда, пока не смогли доказать.

В статье, что прислал детектив, говорилось
О страшной трагедии на автодроме:
Пилот, конкурент Рэя, сильно разбился,
Писали, провёл больше месяца в коме.

— А малый тот был, — Стив сказал, — знаменит,
И явным считался тогда фаворитом,
А после аварии — всё — инвалид!
В чём Мóрриса и обвиняет открыто.
Хотя пострадавший пилот утверждал,
Что Мóррис «подрезал» его специально,
Однако никто так и не доказал
В аварии умысла злого формально.
Заезд тренировочный, да и погода...:
В итоге там зрителей не оказалось,
Ещё регистратор бракованный, словом,
И к записи много вопросов осталось.

Затем детектив собирался подробно
Ближайшие планы со мной обсуждать
(Что мне было крайне тогда не удобно):
И я извинилась — мол, нужно бежать.
Но тут он напомнил, что я обещала
«Держаться подальше и лишь наблюдать».

Я скрыла, что с Рэем была в ресторане,
Чтоб Стива напрасно не волновать.

— ♪—♪ —

Случайно так вышло, что я незаметно
Для Мо́рриса с Ридом «нарисовалась»,
И часть их беседы застала, что в целом
Не для ушей моих предназначалась.

— Она не в моём, — Рэй обмолвился, — вкусе.
— А жаль, симпатичная, даже весьма... —
Заметив меня, Рид смущённо запнулся,
Похоже, что речь обо мне у них шла.

Я сделала вид, что не слышала просто,
Или как минимум не поняла —
Себя же на мысли поймала, что вовсе
Не про меня будто были слова.

Я выбирала: тактично пытаться
Зацепки искать, проявляя дотошность?
Или рискнуть — разозлить постараться:
И спровоцировать тем на оплошность?

— Мне кажется вы подошли б идеально
На роль Джеймса Бонда, — такой комплемент
Я сделала Мо́ррису как бы случайно, —
Ведь вы — прирождённый секретный агент!

А он улыбнулся, но только губами,
Прищурил глаза и спросил: — А с чего
Вам так показалось? — И сразу добавил,
Киношный бардак — это не для него.

— Тогда, может статься — карьера шпиона? —
Тут Рид засмеялся: — Вот это скорее!
Вы, кажется, правы: представить несложно
На поприще данном мне было бы Рэя.

— А имя, к примеру, — я сделала вид,
Что начала вариант подбирать,
В надежде, что позже захочет и Рид
Мне в этом хотя бы слегка подыграть.
И он подключился: — Я думаю — Джастин.
— Заметное слишком, мне кажется он... —
И Роджер меня поддержал: — Да, согласен,
Тогда, может, Генри? Ещё лучше — Джон.

Эффект, на который я делала ставку,
Примерно с таким же успехом искать,
Увы, можно было как в стоге булавку,
Но я не готова была отступать.

— А что, если Джон наш — магнат теневой, —
Я продолжала развитие темы, —
Манипулятор за крупной спиной,
Меняющий тайно фрагменты системы?

— Должно быть, большое на вас впечатленье
Мой друг произвёл, чтобы сформировать
За столь краткий срок однозначное мненье,
Что мистеру Мóррису есть что скрывать!
Я думаю это отчасти, поскольку
Он мало привык о себе говорить, —
И вот уже скрытность представив как скромность,
Рид компаньона продолжил хвалить:
— Серьёзный, надёжный, собаку так любит... —
«Одно не мешает другому — увы, —
Невольно подумалось. — Жаль, что преступник
Какой-то особый не носит ярлык».

— Животные, — Рэй комментарий добавил, —
Значительно лучше, а что до людей... —
И он незаконченной фразу оставил,
Тем самым подкинув мне пару идей.
— А что до людей? Люди вам интересны? —
Продолжила Мóрриса я раздражать. —
Или они — это только предметы?
И если мешают, то стоит убрать?

На все провокации, полунамеки —
В ответ лишь холодный уверенный взгляд:
Ни жестом, ни мимикой, хоть отдаленно б...
Непроницаемый, ровный фасад!

Мой натиск сконфузил, наверное, Рида.
«Обиделась», — мог он подумать вполне.

И в принципе сделал бы правильный вывод,
Не относился который ко мне.

Рид сгладить углы попытался, но тщетно.
Он даже десерт предложил заказать,
Мол, сладкое для настроенья полезно:
— Нам самое время его приподнять.

Пока наш заказ проходил все этапы
От долгого выбора и до стола,
Рэй отлучился на время, сославшись
На важный звонок: — Извините, дела.

— ≠—≠ —

— Мне жаль, что такое о Мо́ррисе мненье
Сложилось у вас, — это Роджер сказал,
Когда Рэй исчез из его поля зренья,
Покинув уютный вместительный зал.
Тем самым мне Рид предоставил возможность
Вопросы задать — плюс удобный момент —
В итоге детали сложились в довольно,
Как мне показалось, полезный фрагмент.

Из нашей беседы мне стало понятно:
Откуда, к примеру, Рэй мог бы узнать
О Макса проблемной вестибулярке,
Что, впрочем, мой муж не пытался скрывать.

Мне Рид рассказал о «прекрасном приёме»,
Устроенным Мóррисом — где удалось
«С умом совместить с деловой частью отдых»;
Жалел, что мне там побывать не пришлось.

Приём был на яхте, с прогулкой по морю —
Естественно, Макс от него воздержался.
По времени, видно, совпало, что вскоре
Сотрудничать с Рэем мой муж отказался.
Возможно, на яхте во время фуршета
Могли объяснить, что Макс яхт избегал
(Чтоб сгладить неловкость отказа). На этом
Убийца, запомнив, потом и сыграл.

— ⚡—⚡ —

Когда Рэй вернулся, остаток беседы
Рид ловко направил в нейтральное русло,
И тем — за пределами вин и десертов —
Не дал мне возможности больше коснуться.

Опустошённость... Я очень устала,
А толком узнать ничего не смогла.
И вот мы уже вместе вышли из зала,
В гостиничный холл, где кругом зеркала.
Поскольку мой номер был в том же отеле,
Со мной попрощались: Рид — очень любезно,
А Мóррис — с прикрытым пренебреженьем,
Но что, как ни странно, мне было полезно.

Меня, очевидно, слегка подбодрили
Надменность его, снисходительный тон,
И, с ним попрощавшись, я вновь обронила:
— До встречи на выставке, Роджер и... Джон.

Ухмылкою лик лишь на миг исказился,
Когда повернулась я к Рэю спиной —
Но в зеркалах его взгляд отразился...
И доли секунды хватило одной!
Не страх, хоть и чувство, что холодом смерти
Дыхание дьявола снова коснулось...
А зло в отраженьи скривилось в усмешке...
Я, еле сдержавшись, не обернулась.

— ⚡—⚡ —

_____

ГЛАВА ВОСЕМНАДЦАТАЯ

— Я знаю: он — «Джон»! — А в ответ детектив
Мне тут же устроил суровый допрос,
Заставив дословно ему изложить,
Кто фразу какую тогда произнёс.
— Ещё не хватало сейчас только трупа! —

А комментарий про мой «героизм»,
На общегражданском и менее грубом,
Звучал, очевидно — «идиотизм».
И следом доходчиво (тем же макаром)
Он мне объяснил, как была не права,
Что обещанье своё не сдержала —
А я пожалела, что слово дала.

Затем Стив вернулся уже к «конструктиву»:
Фрагменты беседы велел повторить,
Подумал с минуту, потом директиву
Мне выдал: — Немедля оттуда валить!

— Пока из гостиницы чтобы ни шагу, —
Ковбой мне инструкции начал давать,
Сказал, позвонит, имя с номером скажет
Того, кто приедет меня забирать.
— Звучит как арест? Превышение явно... —
Продолжить мне фразу он просто не дал:
— Шутить не настроен. — И буркнув буквально:
— Я позвоню, — разговор оборвал.

Я свой телефон положила на кресло
И принялась чемодан собирать,
Хотя сомневалась: насколько уместно
Мне из Атланты так срочно сбегать?
Ну даже, допустим, что Рэй догадался,
Что я что-то знаю — меня убивать
Бессмысленно вроде: какую опасность

Могла для него я тогда представлять?
Ведь я — не свидетель его преступлений,
А Мо́ррис, похоже, в них не новичок —
Чтоб зря рисковать... Цепь моих рассуждений
Прервал ожидаемый мною звонок.

Я всё записала, когда ж о сомненьях
Я лишь заикнулась — ковбой перебил
И (в характерных ему выраженьях)
Весьма лаконично мне всё объяснил.
Но я не обиделась: Стив был рассержен,
И это понятно... к тому ж детектив
Нередко в своих замечаньях несдержан;
Признаться, и гнев его был справедлив.

— ◦—◦ —

И вот я уже в полицейской машине,
Что мчится с мигалками в аэропорт...
Не слишком уместно, боюсь, пошутила:
— Не удивлюсь, обнаружив спецборт.

Домчались, и я собираюсь прощаться,
Признательность выразив, слышу в ответ:
— Инструкции, мэм: я намерен дождаться
Посадки на рейс, оформляйте билет.

Спустя где-то час от начала полёта,
Проделав уже больше трети пути,

Я вдруг понимаю, что значит забота:
На борт самолета, считай, завести.
И как же я раньше не догадалась?
Наверно, смешно, только больше обидно...:
Чтоб сдуру дров хлеще не наломала —
Ведь это ж так просто и очевидно!

А вот и он сам... причём в зоне прилёта,
Куда посторонним проход воспрещён,
Но детектив — представитель закона,
И пропуск при нём: полицейский жетон.

Я руки вперёд протянула смиренно,
И, кажется, этот комичный мой жест
Удачным стал поводом для примиренья:
Ковбой усмехнулся: «Отложим арест».

— ⚡ —

Немного спустя, когда страсти утихли,
На Мо́рриса Стив мне досье показал,
Что разные службы имели в архивах,
И тот материал, что он сам разыскал.

В полиции Рэй проходил как свидетель
Ещё в одном деле (помимо того —
На автодроме, где, как Стив заметил:
«Увы, доказать не смогли ничего»).
Речь шла о «случайности»: родственник Рэя

«Шагнул» за балкон на шестом этаже:
Старик, слабоумие, как не поверить,
В такой заурядный как будто сюжет.
Особых «претензий» к нему не имели,
Но дьявол сокрыт, как известно, в деталях:
Наследство, к примеру, досталось всё Рэю,
А речь шла о суммах, похоже, немалых.

Ещё Стив отметил и ряд совпадений:
— Сиделка в тот день отлучилась некстати;
Старик, правда, спать должен был, по идее,
Вполне, по словам её, был адекватен.
На записи видно: он книгу читал,
Затем отложил её — и собирался
Прилечь отдохнуть, но зачем-то привстал,
И, будто прислушавшись, резко поднялся.
Там камеры всюду, — мне Стив пояснил, —
Старик, несомненно, один был в квартире.
Жаль звук не писался, — ковбой обронил, —
Сдаётся мне: не было чисто в эфире!
Спецы проверяли, но, видно, формально;
От психиатра к тому ж подтвержденье;
В итоге вердикт — сиганул дед случайно:
В сознании было, видать, помутненье.

— А может действительно Рэй ни при чём?
— Конечно, — Стив хмыкнул, — Да там нереально
Технических средств... и я видел отчёт:
Квартира напичкана ими буквально.

А месяца где-то за три до событий
Рэй Мо́ррис пытался контракт подписать
С одной из спецслужб, с ЦРУ, — уточнил он, —
Но те воздержались его нанимать.

— А мне удалось, — детектив продолжал, —
Приятеля Мо́рриса вычислить быстро,
Кто Рэя разведке как раз предлагал
Как классного хакера и программиста.
Так вот он припомнил, что Мо́ррис нуждался
В деньгах крайне остро, ну и приятель
Контрактором Рэя устроить пытался
В Отдел Специальных Мероприятий.

— И что из того? — только вместо ответа
Мне детектив битый час объяснял
Специфику тактик отдела зачем-то,
Как будто нарочно страстей нагонял.
— Секретных, и часто к тому ж нелегальных,
Отдел операций, — и далее Стив
Привёл ряд примеров из криминальных
Подобных «специальных инициатив».

— Один подотдел, а я думаю Мо́ррис
Стремился в него, безусловно, попасть —
Клондайк для таких: круг задач — кибервойны,
Читай: криминал, безнаказанность, власть!
— Так почему ж они Рэя не взяли?
Как раз — идеально им — социопат!

Решили, что Мо́ррис не будет лоялен?
Иль круче нашёлся ещё кандидат?
— Да кто их там знает? Нам важно другое, —
И следом подробности мне рассказал
Недавней беседы с тем самым знакомым,
Что Рэю попасть в ЦРУ помогал, —
Приятель на сайт скинул Мо́ррису ссылку,
Чтоб тот подготовился лучше к вопросам, —
Короткая пауза. Дальше с ухмылкой: —
 На сайте есть всё и по наркодопросам.
— А что, — я спросила, — нам это даёт?
Найти информацию мог где угодно... —
Но Стив объяснил, что суд примет в расчёт,
Что Мо́ррис имел этот доступ исходно.

— Теперь, что касается бизнеса Рэя:
Не всё поэтапно я там отследил —
Как пить дать, посыпятся грудой скелеты
Из разных шкафов, — он сердито съязвил.

— ⚡—⚡ —

ГЛАВА ДЕВЯТНАДЦАТАЯ

И прав оказался: когда Рэй проблему
С деньгами посредством наследства решил,
Он крупную сумму вложил сразу в дело —
И стал совладельцем двух маленьких фирм.
А следом, добившись компаний слиянья,
Он ловко к рукам ухитрился прибрать
Контрольный пакет, чтоб уже во вниманье
Мог мненье партнёров и не принимать.

— Шантаж, — заявил детектив, — не иначе!
Чтоб так с компаньонами договориться! —
(Очередного скелета из шкафа
Извлечь удалось ему, как и грозился).
В истории этой шла речь о покупке
У совладельца большой части акций,
Он возражал — вдруг пошёл на уступки,
И даже за цены не стал торговаться!

— Тот малый молчит, из чего заключаю,
Дела, — Стив сказал, — видно, так обстоят:
Рэй Мо́ррис намеренно или случайно
На компаньона нарыл компромат.
А дальше партнёра Рэй, видимо, крепко
За место одно... хм... короче, прижал,
Что тот не торгуясь, считай, за бесценок
Пакет акций Мо́ррису тихо отдал.

А вот обвинение, что шпионажем
Индустриальным Рэй мог промышлять
(В чём заподозрен был Максом однажды),
Нет оснований пока предъявлять.

— А как он узнать мог про даты круиза?
— Я думаю вот как, — мне Тэ́йлор ответил, —
У секретарши ваш график расписан
Был крайне беспечно в открытой соцсети.
Преступникам просто узнать, кто где будет,
И массу других им полезных деталей.
Чем только со всеми не делятся люди,
Потом удивляются: как же узнали?!

Действительно просто... и просто нелепо...
С другой стороны, вряд ли что-то меняет:
Уж если убийца кого-то наметил —
Он так иль иначе, а всё разузнает.

— ⚡—⚡ —

Что именно Мо́ррис — стоит за убийством,
Нам доказать лишь ещё предстояло...
А следствие, по объективным причинам,
На каждом этапе тогда буксовало.

Проверка в Бюро не дала результатов,
Что, впрочем, и так предсказуемо было:
Формулировка «халатность» в докладе

Меня совершенно не удивила.
Агент, что виновен — понёс наказанье,
Как будто бы это решало проблему (?!) —
Упущено время с фиктивным дознаньем,
И шанс всё раскрыть, допросив внятно Эмму.

Сидеть сложа руки мне было противно,
Что детектив, видно, предположил —
И чтоб не была я чрезмерно активной,
Он слежку, зараза, установил:
Жучков понатыкал. Наткнулась случайно.
И ведь без легальных на то оснований!
Но что до закона — ковбой отличался
Достаточно вольным его толкованьем.
Он выразил это весьма лаконично,
Мне Росса Перо предлагая совет:
«По совести жить, ну а дальше вторично:
Насколько легально оно или нет».

Совет вроде мудрый, но крайне опасный:
И совесть, и в ценности — сильно разнятся;
Святоши, фанатики, просто болваны... —
Мне страшно представить, что может начаться.

Компактное средство слеженья... Ну что же:
Моя теперь очередь, стало быть, злиться,
А «гнев справедливый», надеюсь, поможет
Быстрей с детективом договориться.

Пришли к компромиссу, что я подключаюсь
Проверить: вдруг кто-то из круга друзей,
Коллег и знакомых несчастной О'Брайен
Припомнит, что видели Мо́рриса с ней.

И мне повезло! Правда, только частично:
Сокурсница бывшая Эммы застала
Их вместе на брифинге для журналистов,
Но кто он (и имя), однако, не знала.
Запомнила ж Рэя, поскольку он внешне
Ей бывшего парня напомнил слегка.
«Но чтобы в суде подтвердить? Нет, конечно:
Я видела мельком и издалека».

А жаль! И на тему закупок был брифинг
Отдела на страже прозрачности власти...
А что если Мо́ррис там Эмму и выбрал,
Устроив на нём специфический кастинг?
Возможно, что Рэй репортёра пытался
Найти подходящего там изначально,
Но юный наивный юрист повстречался
И, как инструмент, подошёл идеально.

Но вот с доказательством снова проблемы:
Мы всех, кого можно, тогда опросили —
Не брифинг, а двор проходной! Незаметно
Попасть мог любой: толком там не следили.

— ⚡—⚡ —

Но вдруг отыскался достойный свидетель,
Один интересный, точнее — «одна» —
Алина Барне́тт. «С Рэем Мо́ррисом вместе
Делили постель», — как съязвила она.

В беседе со Стивом она подтвердила,
Что Мо́ррис большой проявлял интерес
К статьям о коррупции тех журналистов,
«Кто очень уж рьяно в политику лез».
В итоге он с кем-то «сотрудничал» даже;
Подробностей, впрочем, Алина не знала,
Лишь часть разговора застала однажды:
И вроде бы там имя «Эмма» звучало.

— Сначала Барне́тт, — уточнил детектив, —
Пыталась подслушать, видать, ревновала,
Когда ж поняла, что проблем никаких,
То интерес, с её слов, потеряла.

Смешно описал её Стив: — Головастик.
Не знаю, как кто-то позариться может:
Как будто пришелец с далеких галактик,
Оттенок противный синюшный у кожи.
— Эстетика — вещь субъективная крайне, —
Я, помнится, мягко ему возразила.
Он спорить не стал, только фраза навряд ли
Сомнений хоть толику в нём заронила.

Весьма любопытно, что тёмною краской

Не красила девушка Рэя портрет,
Скорее напротив, в беседе старалась
Расхваливать Мо́рриса даже Барне́тт:
«Уверенный, умный, ещё педантичный»;
Расстались они, с её слов, потому,
Что к людям подход у него прагматичный,
С позиций — насколько полезны ему.
И этот последний аспект стал тревожить,
А вскоре возникли причины бояться,
Когда он решать стал: с кем девушка может,
А с кем не должна она больше общаться.
Похоже, Алина сперва уступила,
Но Мо́ррис лишь гайки закручивал туже,
Тогда-то она на разрыв и решилась,
Боясь, что со временем станет лишь хуже.

— Она, несмотря на свою «специфичность»,
Девчонкой смышлёной, видать, оказалась, —
Сказал детектив, — и его педантичность
Использовать против себя постаралась:
Чтоб сам прекратил отношения Моррис,
Решив, что с него беспорядка довольно;
Подруга неряха ему не подходит,
Такая женой его стать недостойна.

— Она молодчина — всё сделала мудро, —
Алину Барне́тт снова Стив похвалил. —
В квартире её, кстати, чисто, уютно,
Хотя мой визит неожиданным был.

— А из существенных в деле зацепок, —
Он выдержал паузу, — вроде Барне́тт
Припомнила: брал как-то Мо́ррис на время
У парня знакомого жёлтый Корвет.

— Ну наконец-то! А то я боялась:
Корвет, словно призрак, исчез без возврата.
— Гора с плеч, — и он откровенно признался, —
Хотя расслабляться пока рановато!
Здесь действовать стоит весьма осторожно:
Свидетелей толком, считай, у нас нет,
И без содействий владельца, возможно,
Не свяжем с убийством тот чёртов Корвет.

— ⚡—⚡ —

ГЛАВА ДВАДЦАТАЯ

Весеннее солнце лучами игриво
Нарочно меня разбудило как будто
Буквально за миг до звонка детектива:
— Отличные новости! Доброе утро!
Похоже, Корвет всё ж таки засветился:

Парнишка один снимок выложил в сети.
И дата, и время, и где находился...
Поймали по номеру, что на Корвете.
Та часть, что видна там, как раз совпадает
С машиной приятеля Мо́рриса Рэя!
А мне до беседы с ним не помешает
Про снимок узнать кое-что поточнее.

И я напросилась на встречу с подростком,
Что красовался на фоне Корвета —
С надеждой и страхом: вдруг снова загвоздка
Оставит о Рэе вопрос без ответа.

Испуганный парень нас встретил со Стивом
И долго вникал в суть предмета вначале,
Затем оживился, стал даже болтливым,
Но важно, что помнил отлично детали!

— Я это... как раз помогал на заправке,
И тут подкатил этот жёлтый Корвет,
Я сфоткался... — он чуть смущённо признался, —
Пока тот мужик заходил в туалет.

— Случайно не этот? — и Мо́рриса фото
Средь пачки других протянул детектив:
Блондины, брюнеты, слегка разный возраст,
Наверно, с десяток альтернатив.

Пацан разложил деловито портреты,

Готовясь внимательно их рассмотреть,
Как вдруг задержался на Мо́ррисе: — Этот!
А он, чё, преступник? Ну офигеть!

Тут мы улыбнулись друг другу со Стивом:
Удача! А парню ковбой объяснил,
Что позже в суде нужно будет правдиво
Всё подтвердить, что он нам говорил.

— ⚡—⚡ —

— У нас на руках первый значимый козырь! —
На что мне в ответ детектив осторожно:
— Боюсь, что в суде в перекрёстном допросе
Запутать мальчишку им будет несложно.
По опыту знаю: мой главный свидетель
По первому делу был точно такой же
По возрасту парень: пятнадцатилетний,
Они даже внешне немного похожи...

Рассказ Стив продолжил за кружкою пива,
А я же мартини себе заказала.
Начало лишь вечера — в баре пустынно,
Легко говорить — суета не мешала.

— Я наркодельца взял почти что с поличным.
Выслеживал год! Но вот в это «почти»
Вцепился его адвокат... Гад циничный!
В суде дело «спорным» в итоге сочли.

Стив крепко прошёлся по казуистам:
— Подонок детей наркотою травил!
Я всё же упрятал его... Вышло чисто. —
Подробности, правда, ковбой опустил.
Зато рассказал много разных историй:
Не для ушей впечатлительных дам,
И даже из тех — не особо геройских —
Где сам схлопотал, с его слов, «по мордам».
Потом он со мной откровенно делился,
Что личная жизнь не сложилась пока,
И грустно шутил: — С этой службой жениться
Не скоро удастся наверняка.

Видать, обстановка, к тому ж много пива:
Разоткровенничался детектив...
Ещё поняла я, и это мне льстило —
Партнёром и другом считал меня Стив.

— ≠—≠ —

— Корвет у меня! — так итоги беседы
(Что я ожидала нетерпеливо —
С владельцем Корвета, приятелем Рэя)
Подвёл телефон бодрым голосом Стива. —
Теперь подождём, что отыщут эксперты.
А что до визита — прошёл неформально:
Владелец машины, на удивленье,
Мне постарался помочь максимально.
Но с Рэем знаком лишь постольку поскольку,

Считай, показанья почти бесполезны:
Помимо, что «Мо́ррис — крутой автогонщик!»,
Другие аспекты ему не известны.
В суде, — уточнил детектив, — как свидетель,
Увы, «никудышный»: он толком не знает
Ни кто, ни когда разъезжал на Корвете,
И странным такое отнюдь не считает.
Беспечный мужик — вся душа нараспашку,
Богатство досталось, видать, на халяву...
Беда, от машин своих хренов бардачник
Ключи раздаёт всем кому ни попало!
И даже властям, — пошутил детектив, —
Без лишних вопросов на экспертизу
Он сам моментально Корвет предложил.
Надеюсь, что там без досадных сюрпризов.

— ✠—✠ —

Едва попрощались — экран телефона
Ещё продолжает ладонь освещать —
Как снова звонок: незнакомый мне номер,
Вначале решила — не отвечать.
Но что-то... хотелось бы верить: «чутьё»,
Но это навряд ли, скорей, любопытство —
И я изменила решенье своё...
(Так что там про кошку у нас говорится?)

Я голос звонившего: мягкий, глубокий,
Весьма характерный, мгновенно узнала:

— Приятно вас слышать, — ответила, — Роджер,
Хотя, если честно — не ожидала.

Минуя шаблонный набор пустяков,
Что принят в начале беседы обычно,
Рид к цели звонка перешёл прямиком:
— Есть срочное дело... Нет, лучше бы лично.

И вот в небольшом ресторане чуть позже
Я жду, чтобы Рид объяснил форс-мажор.
— Вас удивит, — произносит вдруг Роджер, —
О Мо́ррисе Рэе пойдёт разговор.

— Возникли проблемы? — я Рида спросила.
Он нервно в ответ усмехнулся: — Увы,
А я-то считал: неуместно шутили
В Атланте зачем-то про Мо́рриса вы.
Выходит, что знали... — Сперва показалось:
В словах содержался в мой адрес упрёк,
Но всё ж в интонации больше читалось:
Обидно, что было ему невдомёк.

— Так что же случилось? — я переспросила.
Навряд ли всё то, что мне было известно,
К той фразе: «вы знали...» его относилось,
К тому ж и для дела могло быть полезно.
— Мой давний клиент обнаружил «закладку»
В одной из новейших моих разработок,
И в случае с этой конкретной поставкой:

Я Рэю добро дал на часть «доработок».
Но я и представить не мог, чтоб такое... —
И Рид, помолчав, сокрушенно добавил, —
А я-то, дурак, считал Рэя партнёром,
А он меня подло, цинично подставил...

Я очень внимательно слушала Рида,
Пытаясь понять, чем могла быть полезна,
А он попросил, чтобы с ним поделилась
Я тем, что о Мо́ррисе было известно.
— Насколько я понял из ваших намёков,
Поправьте меня — если я ошибаюсь:
Ваш муж его в чём-то таком заподозрил,
Но не было, видно, прямых доказательств.
— Мне кажется правильней было бы, Роджер,
Нам этот вопрос обсудить с детективом... —
Рид брови приподнял (воспринял, похоже,
Моё предложенье весьма негативно).

А я не смогла убедить бизнесмена,
Что встреча со Стивом — в его интересах,
Хотя и пришлось больше, чем бы хотелось,
Ему приоткрыть в этом деле завесу.
Я, впрочем, коснулась лишь бизнеса Рэя,
Подумав, что Тэ́йлору лучше решать:
Какие из фактов, что были известны,
Нам стоило Риду ещё сообщать.
Должно быть, осталось немало вопросов,
А я не нашла, видно, правильных слов...

И Рид заявил, что «в легальную плоскость»
Проблемы свои выводить не готов.

— ⚡—⚡ —

— Ну что ж, подождём, — Стив одобрил беседу,
А факты, что Риду раскрыла, назвал
Он «грамотным выбором». — И бизнесмену
На пользу пойдут, — мне с улыбкой сказал.

Хорошие новости, как сговорившись,
Одна за другой приходили в те дни:
Статья вышла в прессе, и в ней извинились
За клевету в адрес Макса они!
Затем с новостями: «Считай подписали!»
Мне Эрик звонит и смеётся: мол, скопом
Активно набросились и проверяли
Все цифры буквально под микроскопом.
И всё же приборы в итоге признали
Чиновники разного уровня дружно
Вне конкуренции! И поддержали
Заявку концерна единодушно.

Неделю спустя окончательно точку
В дебатах поставил свершившийся факт,
А именно — крупный и долгосрочный
Концерном подписан со штатом контракт!

— ⚡—⚡ —

Банкет был, наверное, в самом разгаре,
Когда пошутил кто-то, что «покупать
Сейчас конкурентов момент подходящий,
А Рид вроде бизнес намерен продать».
И версию тут же озвучили: «Видно,
Надежды на первенство Рид потерял...»,
Меня будто током прошила обида:
Я в миг поняла, кто за этим стоял!

А мы не успели!.. — И зло торжествует,
Опять безнаказанно... Хочется выть...
Рука — к телефону, но мысль промелькнула:
Какой сейчас смысл детективу звонить?
Ну чем он поможет, когда очевидно,
Что Роджера Рида подлец обхитрил?..
— Теперь основание есть ордер выдать, —
Мне неожиданно Стив объявил. —
Пришёл результат экспертизы машины.
Улики железные, в полном порядке!:
И грунт, с образцами совпавший, на шинах,
И Эммы О'Бра́йен там есть отпечатки!

Буквально минуту назад — безнадёга,
Теперь слёзы счастья мешают уже...
Эмоции словно в полёте рисковом —
Наверх из пике на крутом вираже.

И вот детектив произнес (наконец-то!)
Ту фразу, что я очень долго ждала:

— С каким удовольствием я при аресте
Мерзавцу его зачитаю права!

— ⚡—⚡ —

ГЛАВА ДВАДЦАТЬ ПЕРВАЯ

Рассвет. Предвкушение лишь эйфории...
И птиц щебетание... — всё в унисон!
С волнением жду сообщенья от Стива!
Но время идёт... Мой молчит телефон...

Пытаюсь отвлечься... Сначала выходит...
Но мысли и чувства не терпят пустот —
И их неминуемо холод тревоги
В свой неприглядный берёт оборот.

Соцсети и новости — безрезультатно.
Звоню детективу — с таким же успехом.
Не выдержав больше, в итоге решаю
На место событий возможных поехать.

Но только куда? Где «мерзавцу права»

Зачитывать утром ковбой собирался?:
На фирме? Иль к дому мне стоит сперва?..
Дом Мо́рриса ближе ко мне оказался.

— ⚡—⚡ —

По серпантину осталось с полмили...
Но дом мне не виден: весь в зелени склон.
И вдруг— подъездные пути перекрыты,
Причиной тому — полицейский кордон.
В ответ на вопрос: «Что случилось такое?»
Советуют: «Срочно пространство очистить,
Читать в новостях...», и небрежно рукою
Взмах в сторону группы, видать, журналистов.

Чины полицейские разного ранга
Готовятся к брифингу. Прессы хватает.
Весьма раздражённое: «Как же достали!» —
С уст стражей порядка в мой адрес слетает.

Я мигом к толпе... Вдруг кусок чьей-то фразы:
«На жизнь полицейского»... и «покушенье»...
От леденящего ужаса разом
Исчезла земля из-под ног в то мгновенье...

Лишь мысль лихорадочно: «Только б не Стив!»,
А слух обострён — до него долетело,
Как хвастался кто-то про «эксклюзив» —
Про снимок, где «есть распростёртое тело».

Бросаюсь к ближайшим ко мне журналистам,
Чтоб выяснить: Кто?! — но меня оттеснив,
Толпа к полицейским чинам устремилась,
Мир видя уже только сквозь объектив.

Глава управления (брифинг для прессы):
— Необходимая самозащита —
На данный момент основная из версий...
Да: следствие будет предельно открытым.
Подозреваемый... Да, достоверно:
Он был при аресте вооружен...
И да: детектив Стивен Тэйлор на время
Служебной проверки от дел отстранён...

Я села на землю, что в общем-то странно:
Ведь груз колоссальный мгновенно свалился,
А ноги — как будто совсем не держали,
И мир, показалось, вокруг растворился...

— ⚡⚡ —

Когда отлегло, шок прошёл, и способность
Моя думать вроде бы восстановилась —
Возникло подспудное чувство: не очень
В озвученной версии что-то сходилось.
Чем больше себе визуально представить
Пыталась детали — как Рэй агрессивно
Во время ареста... Но это так странно... —
Не органично интуитивно.

Причём: вооружённое сопротивленье?!.
И в голову пулю... Выходит, что он...
Обескураженно... в недоумении... —
Стив взял в свои руки, похоже, закон.

За все преступления — мрази сполна!..
Закон своей совести взяв за основу,
Ковбой «зачитал негодяю права»... —
Я в это скорее поверить готова.
А чтобы такой хладнокровный, как Мо́ррис,
При задержании глупо вспылил?! —
Скорей бы, напротив... и также спокойно
На нас адвокатов своих «натравил».
А без «железных» прямых доказательств:
У нас только косвенных ряд, не прямых,
Юристам не очень-то сложно придраться,
Раз в деле исходно полно «запятых».

А так детектив свёл к одной запятой:
Насколько законно во время ареста
Финальную точку крючок спусковой
Там метко поставил на нужное место.

— ⚡—⚡ —

ГЛАВА ДВАДЦАТЬ ВТОРАЯ

А далее, в рамках служебной проверки,
Меня пригласили в одну из «контор».
Предупредили (ещё до приезда):
«Под протокол там пойдёт разговор».

Лысеющий, ну а точнее — плешивый,
Инспектор провёл меня в свой кабинет,
И строго ещё раз о том, «чтоб правдиво...»,
А голос высокий — почти что фальцет.
— Мы знаем вам Тэ́йлор звонил накануне,
Арест обсуждал с вами наверняка, —
И тут же с надменной ухмылкой подсунул
Буквально под нос распечатку звонка.

— С какой это кстати? — невозмутимость,
С которой ответный был задан вопрос,
Инспектора, видно, порядком смутила:
Из схемы его выбивался «допрос».

По мере того, как тональность пытался
Он вновь подходящую установить,
Из части вопросов, что мне задавались,
Смогла для себя кое-что прояснить.

К примеру, как вышел пробел временной:
Стив Тэ́йлор значительно позже поехал

На задержание — здесь ключевой,
Считают, была бытовая помеха.
Итог: с возвращеньем со стрельбища Рэя
Приезд детектива случайно совпал,
И, как полагают, лишь цепь совпадений,
Скорее всего, тот трагичный финал.

Я молча сидела, стараясь не выдать
Возникших сомнений: а так ли всё было?
Ведь так же, как версия «самозащита»,
Меня «совпадение» — не убедило.
Что должен был Мо́ррис со стрельбища ехать,
Не мог, разумеется, Тэ́йлор не знать —
Поскольку следил, и, как сам же заметил:
«По Рэю часы можно было сверять».

— Не выражал ли при вас детектив, —
Инспектор так ход моих мыслей прервал, —
Враждебных намерений?.. Или мотив
Иной, скажем, личный (!) роль в деле сыграл? —
И он посмотрел на меня нагловато,
Ещё бы чуть-чуть — и, глядишь, подмигнул.
— Вы это серьёзно? Моим адвокатам... —
Мгновенно испуг — понял, что перегнул.

А я продолжала: — Да как вам не стыдно?! —
Решив на просчёте активно сыграть. —
Такими, как Тэ́йлор, вам нужно гордиться,
А не в интрижках пустых обвинять!

Он жизнью своей рисковал ради долга,
А вы — в безопасном своём кабинете... —
Я выдала ряд подходящих упрёков,
Не слишком заботясь об этикете.

Плешивый устал — это было заметно,
Он молча бумаги мне дал подписать.
Я их прочитала (что делала редко),
Но случай особый: нельзя рисковать!

— ⚡—⚡ —

Когда я впервые увидела Стива —
Спокойный, уверенный — то моментально
Отпала в расспросах необходимость...
Мы оба болтали о чём-то нейтральном.
Частично словами, но больше глазами,
Я выразить всё же, надеюсь, сумела:
Как я бесконечно ему благодарна,
И что осуждать никогда б не посмела.

В уютном (хотя незатейливом) баре,
В котором мы были уже не впервой,
В тот вечер парнишка играл на гитаре
Неспешный мотив в суете городской.

И мы допоздна засиделись, как прежде...
Тревога за друга... — и легкая грусть,
Что видеться будем значительно реже,

И каждый продолжит свой собственный путь...

— ♪—♪ —

Свой собственный путь, оставаясь в игре,
Продолжит и Рид, как мне стало известно.
И это отлично! — К тому ж конкурент
Он сильный и честный: для дела полезно.

И дело живёт, что придумано Максом,
В умелых руках руководства концерна,
В чём я убедиться смогла многократно,
А значит, и выбор я сделала верный.

— ♪—♪ —

В какой-то из дней, подписав документы
(Пакет крупный акций к тому вынуждал),
Я вышла на улицу, где переменой
Погоды нас Бостон в тот день удивлял.
Меня встретил тёплый порывистый ветер,
Как будто похлопать хотел по плечу,
Пока развлекаясь менял направленья:
Свободно и дерзко... И я так хочу!

Я вдруг замерла на мгновенье от мысли,
Что дышится легче! И шанс нужно дать,
Чтоб жизнь наполняли и новые смыслы...

И мне захотелось в ней всё поменять.

Был прав Соломон: новый лист не написан!
Он, кстати, желанье моё поддержал,
А не назвал (как другие) капризом,
Но я не в обиде на тех, кто назвал.

Со мной моя память. Как сложится дальше,
Что Стив окрестил как «побег в никуда»,
Я толком не знала — да это не важно:
«Вернусь, если что», — пошутила тогда.

Скорей бы итоги служебной проверки:
И я чемоданы начну собирать —
Уже предварительно было известно,
Что вроде бы Стива должны оправдать.
И хоть нет причин ждать иных результатов
(По той информации, что поступала),
Но двух самых лучших в стране адвокатов
Я всё же тогда на примете держала.

Но, к счастью, потребности в них не возникло!
Вердикт окончательный: что соразмерна
Возникшей угрозе была и защита —
И что детектив поступил правомерно.

— ⚡ —

Последнее утро. Багаж у порога.
Билет до Женевы: где как-то проездом
Случайно застряла, увы, ненадолго —
Попробую снова... Такси у подъезда.

— ≠—≠ —

ОГЛАВЛЕНИЕ:

Manufactured by Amazon.ca
Bolton, ON